じょうずな個性の伸ばし方

目次

## 3　幼少期の教育のあり方　51

## 第2章　子育てのアドバイス〔Q&A〕

# 第1章

# じょうずな個性の伸ばし方

# 1　私の幼少期を振《ふ》り返る

## 長男と長女の中学時代の〝武勇伝〟

最近は、「父親の子育て」に関する本もよく出版される世の中になっていて、父親が子育てに口を出しても構わない時代になりつつあります。男性は、社会における、いろいろなものを見た目で、子どもを見ているので、男性の目には、意外に客観性があるというか、女性とは違《ちが》った角度で見える面があるかもしれません。そういうことが言えると思います。

さて、本章は、「じょうずな個性の伸ばし方」という題です。

わが大川家は個性豊かな五人の子どもを授《さず》かったのですが、個性が強すぎた面もあり、親としては、往生《おうじょう》したというか、はっきり言って困りました。

しかも、その五人の子どもたちは、みな、あまりにも変わっているのです。

男の子は、宏洋《ひろし》・真輝《まさき》・裕太《ゆうた》の三人とも、基本的には、「変人」と言われる部類に分類される人だったのではないかと思われます。彼らはいま大学生や高校生ですけれども、勉強ができなければ、本当に、ただの変人であったかもしれません。

女の子のほうでは、咲也加《さやか》と愛理沙《ありさ》の二人がいますが、長女の咲也加が比較《ひかく》的まともな部類に近いのではないかと思います。

ただ、その咲也加も、小学校の六年生ごろ、「同級生の男の子が、父親である私の悪口《わるくち》を言っていた」という理由で、その子の後頭部を回し蹴《げ》りで蹴り、泣かせたりしています。当時、彼女はバレエを習っていたので、足を高く上げられたのです。

彼女が女子校の中学校に進んだときには、小学校の担任の先生から、「あの子だけは、女子校に行くとは思わなかった」と言われ、私はショックを受けました。女の子らしく育てたつもりでいたため、「そんなはずはない」という思いが私にはあったのです。

彼女は、女子中に入ってからも、「いやあ、とにかく元気のいい子ですねえ」と言われました。休み時間に、かくれんぼのような鬼《おに》ごっこを何人かでしていて、教室のドアを蹴破ったこともあったのです。

「ドアを蹴破ったのは彼女が初めてです」と言われ、このときも私はショックでした。そんな〝ばか力〟が、どこにあったのでしょうか。どうやって蹴破ったのか、わかりませんが、「学校の教室のドアなんか、破らないでくれよ」と思ったものです。

彼女の二つ年上の兄も、国立の中学校に通っているときに、実は、二回ほど、窓ガラスを何枚も割ったことがあります。学校側は、「本人は、どうせ親には伝えないだろう」と思い、やや意地悪ですが、わざわざ請求書《せいきゅうしょ》を書き、それをわが家まで送りつけてきました。二千円か三千円かのガラス代を請求してきたのです。

「おたくの子が主導して鬼ごっこを行い、元気すぎて窓ガラスを割ったため、窓ガラスは破片になって落ちた。その修理代が、これだけだ」というかたちで、二回、請求書を送られたことを覚えています。学校の先生は、「たぶん、親は知らないだろう」と見ていたのだと思います。

わが家では、子どもに対する「しつけ」が必ずしも十分にできてはいなかったようでもあるので、しつけに関し、みなさんに説くほどのものは、私にはないのかもしれません。そうであれば、まことに申し訳なく思いますが、最終結果まで見ないと、物事のよし悪しはわからないものなのです。

## 二歳《さい》四カ月まで里子《さとご》に出されていた私

子どものしつけに関して、私はわりに甘《あま》かったと思います。なぜかというと、私自身が、子どものころ、必ずしも親から十分なしつけを受けていなかったからです。

それは、私の親にとって、おそらく悩《なや》みの種であったことでしょう。両親は、私に対し、十分なしつけをすることができませんでした。また、私は、幼いころには勉強もあまりよくできなかったので、親は、あきらめていました。私は、それを早々《はやばや》と感じていたのです。

このように、自分自身がそうであったので、自分の子どもたちに対し、あまり強いことを言えなかった面があります。

従来、親は長男に期待する場合が多かったため、私の四つ年上の兄が生まれると、すぐに祖母が手伝いに来て、世話をしていましたし、いろいろと勉強も見ていたようです。

しかし、私が生まれると、その祖母は、東京にいる、父の長兄《ちょうけい》の家へ逃《に》げていったので、私は、勉強を教えてくれる人もなく、捨ておかれた状態でした。

そして、ゼロ歳《さい》から二歳四カ月までは里子《さとご》に出され、朝早くから夕方の六時台まで、よその家に預けられていました。「他人の家の釜《かま》の飯《めし》を食う」ということを、私は小さいころに経験したのです。その家のお茶碗《ちゃわん》やお箸《はし》の模様、その家は妙《みょう》に斜《なな》めに区切られていて段差があったことなどを覚えています。

当時は、両親が共に働いており、最も忙《いそが》しい時期だっただろうと思います。そのため、次男である私の子育てに関しては、完璧《かんぺき》に手抜《てぬ》きをしたのだろうと推定しています。ただ、それについては、親の事情がわからないわけではないのです。

## 幼稚園《ようちえん》や小学校で叱《しか》られた悪さとは

私は、よその家に二歳四カ月ぐらいまで預けられていましたが、それ以降は、二歳保育で保育所に二年ぐらい行き、次に、二年間、幼稚園《ようちえん》に行きました。

当時の保育所は、川島神社の鳥居をくぐって上がっていくところの左側にありました。そこに朝早くから手を引いて連れていかれ、預けられたのです。そして、夕方ごろに帰ってきたのを覚えています。

ただ、そこで知的教育を受けた記憶《きおく》は、ほとんどありません。砂場で遊んでいたぐらいの記憶しかないのです。特に、知的障害《しょうがい》のある子も一緒《いっしょ》にいて、その子が砂場の砂を食べたりするので、私も負けずに食べていました。いま思い出すと、本当に嫌《いや》になります。向こうが砂を食べているので、「うん？　僕《ぼく》だって砂くらい食べられるよ」などと言って食べていた覚えがあるのです。

また、保育所には垣根《かきね》があって、いちおう外には出られないようになっていたのですが、「その垣根を破って脱出《だっしゅつ》する」という冒険《ぼうけん》をし、「だれが抜け出すか」ということを競《きそ》っていました。そのような悪さを、いろいろとしていたと思います。

幼稚園時代には、私は〝悪さの三羽烏《さんばがらす》〟の筆頭でした。暴《あば》れているところを、先生二人に手と足を持たれて頭の上に抱《かか》え上げられ、御神輿《おみこし》のようにして園長室に連れていかれて、園長先生に叱《しか》られたことを覚えているのですが、何か悪さをしたのだと思います。おそらく、幼稚園の庭に咲《さ》いていたチューリップの花を、何人かで切って遊んでいたからでしょう。確かに、それは許しがたい行《こう》為《い》です。

このように、しつけが全然なっていなかったため、私の親は幼稚園に呼ばれて怒《おこ》られたはずですが、私に対して親は特に何も言わなかったような気がします。「うちの子は悪さの三羽烏ですから」と言って開き直っていた印象があるのです。

小学校の三年のころにも同様のことがありました。

学校で行われる劇で、私は〝チャンバラ〟に出ることになっていたのですが、父は工作がうまかったので、竹を割って銀色の塗料《とりょう》を塗《ぬ》り、鍔《つば》もつけて、見事な刀をつくってくれました。そこで、私は、友達二人と一緒に、菜の花畑で菜の花を斬《き》って斬って斬りまくり、「おお！　よく飛ぶなあ」と言ったりしていたのです。

ところが、その近くのたばこ屋さんが、それを見ていて、担任の先生に通報したようです。月曜日に学校に行くと、本気で怒られました。

私としては、刀が本物に見えるように、演技の練習をしたつもりでしたし、「この刀は、よく斬れる」と感じながら、菜の花の〝首〟をスパスパ飛ばしていくことは気持ちがよかったのですが、やはり、悪いことではあったのでしょう。

自分の幼少時のことを、いろいろと考えるにつけても、私には、子どものしつけについて言う資格は、ほとんどないようにも感じられるので、塩をかけられたナメクジのように小さくなっていくしかないのかなとも思います。

## 「心がすさんだ感じ」が残っていた小学校時代

勉強に関しても、私の兄のほうは、祖母に教えてもらっていましたし、絵本も数多く読んでいて、地図や国旗なども、いろいろと覚えていました。

しかし、私の場合には、教えてくれる人がおらず、絵本は、ほとんど片付けられていて、『ちびくろサンボ』が一冊あっただけでした。また、おもちゃ箱も段ボールで一つあっただけです。それで放っておかれた感じでした。

そのため、一回目の反抗期《はんこうき》を迎《むか》えたとき、私は、やはり何か反抗したくなったようです。当時の私は、洗濯物《せんたくもの》などを取り込《こ》んで、たたむ仕事を命じられていたのですが、洗濯物をたたんだあと、ストーブにかかっている薬罐《やかん》を持ってきて、上からお湯をかけて歩いたことがあります。

また、それだけで気が済まなかったときには、洗濯物にお湯をかけたあと、さらに砂糖をまき、洗濯し直さなくてはいけないようにしたりもしました。そういう悪さをしていたのです。

その理由は、主として、「母がかまってくれなかった」ということだと思います。私が生まれたころ、父が病気をし、経営していた会社もうまくいかなくなったので、母が働かなくてはいけなくなりました。そういうこともあって、私の幼少期は、家のなかがすさんでいたときでした。「母がかまってくれない」という思いが非常に強く、私の心もすさんでいたと思うのです。

小学校時代には、しだいに自力で勉強ができるようになってはきたのですが、この「心がすさんだ感じ」は、まだ残っていたような気がします。

これが直ってきたのは中学校に入ってからあとです。「まわりから、かなり認められてき始め、学校の先生も、いろいろな面で認めてくれた」ということが大きかったと思います。それで、自信がついてきたのです。

## 2　大川家の個性豊かな子どもたち

### 幼少期の英才教育には、よし悪しがある

私は、子どものころ、そういう経験をしたので、「そういう目には遭《あ》わすま

い」と思い、自分の子どもたちには、きちんとした英才教育をしようと心がけました。

ただ、それには、よし悪しがありました。遊びたい時期に勉強させすぎたようなところもあって、結果がよくなった場合と悪くなった場合とが、両方とも出たような気がします。

長男の宏洋《ひろし》は、特に期待をかけられ、そうとう早くから勉強させられました。その結果、小学校時代には、よく勉強したのですが、中学校以降は、あまり勉強していない状態になりました。大学でも遊び、卒業間際《まぎわ》になって、いまごろ、やっと、「やはり勉強は大事だ」と言い出しています。

遊んだ十年間のことを考えると、よく勉強した最初の十年間は無駄《むだ》だったのかなと思う面もあり、「勉強をしても、それほど大したことがない時期に、あまりにもプレッシャーをかけすぎたため、マイナスになった面もあるのかな」と感じてはいます。

実は、上の二人、すなわち長男と長女は、幼稚園《ようちえん》には通いませんでした。公立幼稚園にも私立幼稚園にも通わなかったのです。

その当時、私が読んだ、渡部昇一《わたなべしょういち》氏の著作には、「私には子どもが三人いて、幼稚園に三年通った子と、二年通った子と、一年通った子がいるけれども、通った年数が短い子ほど、何か天才性が高いようだ」というようなことが書いてありました。また、渡部氏自身は幼稚園に通わなかったようです。彼は、子どものころには山形県にいて、祖母の話を聴《き》きながら育ったらしいのです。

そのため、私も、「幼稚園には通わせないほうがよいのかな」と思いました。

確かに、幼稚園では、子どもたちは特に勉強していません。そこで、長男と長女に関しては、幼稚園には行かせず、家庭学習を中心にしたのです。

また、そのほうが親にとって何かと楽だった面もあります。幼稚園には行事がいろいろあり、それに親も参加しなくてはなりませんし、ほかの子の保護者とも交流しなくてはいけませんが、それは、教団の立ち上げ期においては、かなり負担になることだったのです。

そのため、上の二人は、普通《ふつう》の子とは違《ちが》い、幼稚園には通っていないのです。

## 大川家の子どもたちは五人全員が「IQ百六十以上」

ただ、「何かに通わせなくてはいけない」と思い、申し訳程度に、幼児の塾《じゅく》的なものに通わせました。

長男に関しては、S会というところに通わせてみましたが、そこの指導が性格的に合わず、泣いて帰ってきたりしたので、何回かでやめさせました。また、外国人がやっている子ども用の英会話の学校に少し通わせたりもしました。

長女に関しては、当時は青山あたりにあった、T教育研究所という、お受験専門の〝幼稚園〟に、半年以上、通わせました。

そこの先生は、長女について、「とても有望です」と言っていました。お受験の対象には〝御三家《ごさんけ》〟があり、それは慶応《けいおう》義塾幼稚舎と青山学院初等部と学習院初等科なのですが、「この子が〝御三家〟を受験して落ちることはありえない」と太鼓判《たいこばん》を押《お》し、「受験させてください」と言ってくれたのです。

しかし、「うちは小学校受験をしない」という条件で、そこに入れたため、「それは困るんです」と私は言いました。また、「なぜ普通の幼稚園に通わせないのか」と訊《き》かれると、「子どもに勉強をさせないから、あまり行かせたくありません」というようなことを言っていたのです。

ところで、長女が五歳《さい》から六歳になるころだったと思いますが、知能テストを受けさせてみたところ、そのとき、初めて、「長女はバカではない」ということがわかりました。最初に受けた、そのテストで、長女は「ＩＱ（知能指数）百四十三」という結果を出したのです。

長男のほうは、いろいろな面で利発だったので、「知能が高いだろう」と思われていたのですが、長女もバカではないことが、そのとき、初めてわかりました。

それで、そこに長男も連れていき、測ってみたら、「ＩＱは百六十を超《こ》えていて、測定不能です」と言われたのです。

また、広尾《ひろお》に知能研究所のようなところがあり、そこで五人全員を同じぐらいの年代のときに調べさせたのですが、結局、五人ともＩＱが百六十以上あることが確定しました。「ＩＱ百六十は十万人に二人しかいない」とのことだったので、「天才児だ」ということになったわけです。

## 子どもには年代相応の勉強が必要

知能テストで、そういう結果が出たので、親のほうとしては、「では、もう少し勉強させてもよいだろう」と思い、勉強の先取りをかなりやらせました。

しかし、子どもたちの個性はバラバラでしたし、そのときには、「年代相応の勉強というものがあるため、必ずしも早くから勉強すればよいものではない」ということが、まだ十分にわかってはいませんでした。

幼い子は、早く覚えるのですが、しばらくすると、覚えたことを忘れてしまうのです。「幼い子どもは、覚えたことを忘れやすい」ということが当時はわかりませんでした。それが敗因だったかなと思います。

そんなに忘れやすいのであれば、早くから勉強の先取りをする必要はなかったのです。いまとなっては、「その年代相応の勉強をし、時間が余ったら、あとは遊ばせればよかったのかな」と思っているところもあります。

当時は、当会の宗務《しゅうむ》本部の幹部たちも咲也加《さやか》自身も、「受験用の〝幼稚園〟が勧《すす》めてくださるのですから、慶応幼稚舎を受けさせてください」と言ってきたのですが、それを私がかたくなに拒《こば》んでしまいました。いまでは、「申し訳なかったかな」と思っています。

ただ、最近、長女に、「慶応幼稚舎に入っていたほうが楽だったかい？」と訊いたところ、本人は「これでよかった」と言っていました。

その〝幼稚園〟の先生は、「お受験をして落ちた人が公立小学校に行く。中学受験で実績のある公立小学校であっても、みな、お受験に落ちた人ばかりが行っているところだ」というような見方をしていたのです。

私と同じように、最終的に東大を出ている人たちには、子どもに中学受験をさせる人が多く、小学校については公立に入れて、お受験をさせないのが普通です。そのため、うちも、子どもたちを、全員、公立小学校に入れたのです。

ただ、小学校に上がる前に英才教育をしたことは、裏目に出てしまいました。小学校で勉強することを、全部、すでに学び終えているので、授業を受けることが、ばかばかしく感じられたわけです。

そのため、学校の先生のほうが困ってしまいました。教わる内容をすでに知っている子は、ある意味で授業の邪魔《じゃま》になるからです。

先生から、「どこまで勉強が終わっているのですか」と訊かれ、「小学校で習う内容は、いちおう全部終わっています」と答えると、先生のほうは、ため息をつくような状態になります。「そういう子が、小学一年で、数字の1や2、3などを教えられたり、足し算を教えられたり、『さくらが咲《さ》いた』という言葉を教えられたりするのは、つらいでしょうね」と言っていましたが、こちらは、「ええ。そうでしょうね」と言うしかなかったのです。

長男は、小学校一年生のときに、もう司馬遼太郎《しばりょうたろう》の『竜馬《りょうま》がゆく』を単行本で読んでいました。こういう子に小学校一年生用の教科書を勉強させることは、ある意味では、かわいそうであったと思います。

しかし、そのあと、彼が大学生になり、また『竜馬がゆく』を読んでみると、十分に難しく感じられるところもあったようなので、親のほうが急ぎすぎたのかなという気はします。

長男には、幼いころ、絵本を一万冊も読ませたため、彼は、語彙《ごい》が豊富で、本をかなり読めたのですが、ある意味で〝文学頭〟になってしまい、科学的な文章などは、あまり読めなくなりました。科学者が書いた文章は受験にもよく出ますが、そういう文章を読むと、「あまりよくわからない」と言っていたのです。

そこで、私は、「そんなものかな」と思っていたのですが、次男である真輝《まさき》のほうは、科学的な文章や論理的な文章を、すっと読んでしまったので、「頭には向き・不向きがあるのかな」と感じました。

次男だけではなく、三男の裕太《ゆうた》もそうですが、科学的文章がすっと読めるタイプの子は算数がよくできました。「算数オリンピック」のファイナリストに出られるぐらい、よくできたのです。特に次男は、予選では東京都の一位、ファイナル（最終選考）では世界ベストテンに入りました。しかし、大学受験時には、数学が嫌いで、不得意科目になってしまいました。

## 幼稚園《ようちえん》は共同生活での処世術を教えている

幼児期の子どもに英才教育をし、それを親が自慢《じまん》にしていたのに、公立小学校では、その揺《ゆ》り返しが来て、結局、まわりと調和するのが難しくなってしまいました。そのとき、初めて、幼稚園《ようちえん》の意味がわかってきたのです。「幼稚園では、勉強はさせていないけれども、まわりと一緒《いっしょ》に暮らす術《じゅつ》というか、共同で生活する知恵《ちえ》、処世術を教えているのだな」ということを悟《さと》りました。

そこで、三番目の子である次男からは幼稚園に入れることにしました。当時は栃木《とちぎ》県に住んでいたのですが、子どもを幼稚園に入れ、処世術を学ばせたのです。

そのせいか、次男に関しては、小学校にいるあいだ、トラブルは少なかったと言えます。彼は、「いかに身を処すか」ということを知っていました。

集団のなかでの決まり事などについて、幼稚園の先生は、「このようにするものだ」ということを知識として教えてくれますが、それは、結局、身を守る術でもあるのです。「大勢のなかで生きていき、身を守るためには、こうしなくてはいけない」ということを教えてくれているので、これはこれで、ありがたいことなのではないかと思います。

家庭で学習しているだけだと、本人が気がついていないうちに、ある意味で、やや自己中心的になってしまっている面があったのかもしれません。

例えば、長男の場合、小学校一年生に上がって授業参観があったとき、先生が、「これがわかる人」と訊くと、何十人もの子が、「はい、はい」と言って手を挙げるわけですが、先生がほかの子を当てると、長男は泣き出してしまったのです。

教室の後ろには保護者が何十人も来ていて、みな、「うちの子が当たらないかな」と思って見ているのですが、長男は、自分が当たらないと、「先生が意地悪をした」と思って、泣いてしまいました。

家で勉強をしているときには、先生役の人とマンツーマンであるため、「自分が当たらない」ということは、ありえないわけですが、教室では、そうはいきません。ところが、「手を挙げたのに当たらなかった」という理由で、泣いて帰ってきたりするのです。そして、「先生は、すごく意地悪な人だ」という感じ方をするようになりました。このへんにも、難しいところがあったと思います。

## 三歳《さい》にして私や長男を叱《しか》った次女

また、週一回ぐらいですが、外国人がやっている、遊び中心の英会話に、上の子は四人とも通いました。

三男が最もネイティブに近い発音ができ、「〝切れる〟発音をするな」という印象でした。当時、それを他のきょうだいたちも認めていたのです。

いま、彼は高一ですが、今年（二〇一一年）の夏にニューヨークでホームステイを行い、当会のアメリカの支部において英語での座談会もして帰ってきました（そのときの様子は『大川裕太のアメリカ英語武者《むしゃ》修行』〔大川隆法・大川咲也加・大川裕太著、宗教法人幸福の科学刊）で語られている）。「そういう才能は、ある程度、早くからあったのかな」と感じています。

上の四人については幼少時に英語を学ばせましたが、五番目の子である次女の愛理沙《ありさ》については、実を言うと、「この子は英語は駄目だろう」と見て、一人だけ漢文の塾に入れてしまいました。

そこでは「四書五経《ししょごきょう》」を勉強するのですが、その内容を教えられても幼児にわかるわけはないので、素読《そどく》といって、漢文をそのまま音読します。『論語』『孟子《もうし》』『大学』などを素読し、スラスラと諳《そら》んじる練習をするのです。

そのように、この子だけ漢文を勉強したのですが、その後《ご》、幸福の科学学園に進学し、中一で中学卒業レベルの英検三級を取り、中二の秋で高二レベルの英検準二級に合格したので、幼少時に英語を勉強しなかったからといって、英語ができないわけではありません。

そういう漢文を学んだ成果かどうかは知りませんが、「三歳《さい》にして父を叱《しか》る」ということをしたのは、この次女です。私は、この子に叱られた覚えがあるのです。

わが家ではスリッパを履《は》いて廊下《ろうか》を歩くのですが、リビングには絨毯《じゅうたん》が敷《し》いてあり、そこではスリッパを脱《ぬ》ぐことになっています。

ところが、私がスリッパを履いたまま絨毯の上を歩こうとしたら、当時、三歳の次女が、「絨毯の上を歩くときには、絨毯の外側にスリッパを揃《そろ》えて脱ぎなさい。それから、なかに入って座りなさい。パパはスリッパのまま絨毯のあるところに入ってくる。それは、やはりよくない。きちんと作法を守るべきだ。ほかの人は、みな、そうしている」というようなことを言って、私を叱ったのです。

私は、その場で、あやまりました。いちいちスリッパを脱ぐのが面倒《めんどう》くさいので、「私一人が汚《よご》したぐらいでは大したことはないだろう。あとで掃除《そうじ》をしてくれれば終わりだ」と思い、手を抜《ぬ》いていたのですが、次女に怒《おこ》られてしまったのです。

この次女は、三歳にして私を叱り、また、三歳にして長男も叱りました。

当時、長男は小学校の六年生だったと思います。彼が、スーパーボールを床《ゆか》につきながら、部屋から出て、エレベーターのほうへ行き、家を出て学校に行こうとすると、三歳の愛理沙が、「お兄ちゃん、そのスーパーボールを置いていきなさい！」と言ったのです。

長男は、「な、な、なんだ。なぜだよ」と言ったのですが、愛理沙は、「それは、学校でするものじゃありません！」と言って、長男を叱りました。

これには魂《たましい》的なものもかなり影響《えいきょう》しているでしょう。善悪の判断というか、「規律を守らせる」ということには魂的なものがあると思うのです。

次女に注意された点は、当時、まさしく長男の問題そのものであったと思います。長男は、学校にスーパーボールを持っていき、教室の後方でキャッチボールなどをして遊んでいたので、次女が、「置いていけ！」と言って注意したのです。

そういう個性の違いが、わが家の子どもたちにはありました。

## 非常にバイタリティーがある長男と三男

長男と三男、すなわち、宏洋と裕太は、学校に行くようになると、いろいろと躓《つまず》きが起き始めました。それを見て、彼らの母親は、「これは、医学的には、注意欠陥《けっかん》・多動性障害（ＡＤＨＤ）か学習障害（ＬＤ）なのではないか」と言い、ワアワアと騒《さわ》いでいました。

彼らのその後《ご》を見ると、長男は確かに多動性ではあるかもしれません。中学・高校あたりでは、いろいろなところに出没《しゅつぼつ》し、友達の家に泊《と》まったりしていました。また、大学に入ってからも、謎《なぞ》の行動をよく取っており、夜になると姿を消したりして、行く先がわからなくなるのです。

例えば、姿を見ないので、「何をしているのかな」と思ったら、その週に大学で試験が四つほどあったため、ファミレスなどに行って勉強していたようです。そういうことを、いちいち親には言わないので、私のほうは、「帰ってこないな。どうしたのだろう」と思っていたわけです。

また、三男は、中高一貫校《いっかんこう》で鉄研《てっけん》（鉄道研究部）に入り、日本国中を走り回って、とうとう外国にまで手を出し始めたので、「これは大変なことになるな」と、いま私は思っています。

「多動性だ」と思われていたものが、結局、そういう行動力や探究力になっていくのなら、それは別に問題でも障害でもなく、「非常にバイタリティーがあった」というだけのことです。私も、「あれは障害ではありませんよ」とよく言っていますが、見てみると、やはり、それは個性であり、魂の傾向《けいこう》なのです。

そういう人を、おとなしくさせることは無理です。そのため、登下校の途中《とちゅう》に〝探検〟をしたりすることもありますが、それには、しかたがない面はあります。「事故や犯罪に遭わないように」と言うしかありません。

## 「男は黙《だま》って……」の広告のような次男

一方、長女と次男には、「矩《のり》を越《こ》えない」という面のほうが強く、ルールをきちんと守る傾向があります。

次男は「話さない男」なのです。一昔前に、「男は黙《だま》ってサッポロビール」という宣伝文句の広告があり、その広告には、「黙ってグッとビールを飲み、何も言わない」という男が出てきましたが、次男は、まさしく、そういう男です。

彼が中学に受かったとき、彼をニューヨークとロンドンに連れていったのですが、旅行中に彼が話した言葉は“No, thank you.”《ノーサンキュー》（結構です）だけでした。

それ以外には何も話さずに帰ってきて、以後、海外へ行こうともしなかったのです。最近、本格的に英語の勉強をし始めているようではありますが、口数が極《きわ》めて少ない人でした。

ただ、念のため、彼に、当会の仏法真理塾《じゅく》「サクセスNo.1《ナンバーワン》」と幸福の科学学園で講話をさせてみたところ、原稿《げんこう》なしで滔々《とうとう》と語り、四十五分ぐらい平気で話し続けました（これらの講話は『受験の心構え』〔大川真輝著、宗教法人幸福の科学刊〕に収録されている）。

あまりによどみなく話すので、「こんな才能が、やはりあったのか」と私は驚《おどろ》きました。普段、何も話さなくても、正式に講話をさせると、きちんと話すのです。

彼は、毎晩、寝《ね》るときに、いつも私の講演のＣＤやテープを聴いているようです。「夜に何をしているのだろう」と私は思っていたのですが、真理の勉強をしていたのでしょう。彼は、私の説法《せっぽう》について、全部、ひととおり勉強しているため、真理については、よく知っているのです。

「人には、いろいろ個性があるのだな」と思います。

三男のほうは、自分がした悪さまで親に報告に来たりする人でしたが、次男には、基本的に、隠《かく》す傾向があります。親に心労をかけないようにするため、「悪い情報を徹底的《てってい》に隠蔽《いんぺい》する」という〝官僚体質《かんりょう》〟を持っており、「最終判断は自分がするのだから、親に知らせる必要はない」と考えているらしいのです。

例えば、次男は開成《かいせい》中学に入りましたが、中一の六月に修学旅行で奈良《なら》と京都へ行くとき、「クラスのだれと同じ部屋で寝るのか」ということについて、彼の母親が十数回も彼を問い詰《つ》めました。しかし、彼は十数回とも断り、「言う必要はない。そういうことに答える義務はないし、そんなことを親が知る必要はない」と言ったのです。このあたりから両者は仲が悪くなりました。

母親のほうは、「母親同士が会ったときに、相手側から同室を話題にされることもあるので、知る必要があるのだ」と言ったのですが、次男は、「そんなことは母親が知るべきことではないから、私が言う必要はない。それは私個人の問題である」と言い、断固として教えませんでした。

また、いま彼は高三ですが、いろいろと模試を受けているらしいのに、私のもとには情報がまったく届いてきません。焼却《しょうきゃく》されているか、穴を掘《ほ》って埋《う》められているか、定かではありませんが、完全に隠蔽されていて、結果がわからないのです。

来年（二〇一二年）の三月にならないと、どうなっているかがわからないのですが、ある意味では、自分で責任を取るつもりなのかもしれません。

このように、きょうだいであっても個性に差はあるようです。

## コーディネーターであり、強い意志の持ち主でもある長女

小学校に入る前の子に英才教育をしたところ、子どもが賢《かしこ》くなったように感じられ、親のほうとしては、うれしかったのですが、その結果、小学校時代に苦しんだ子もいます。個性の強いタイプの子が周囲とのぶつかりをかなり生んだので、その段階では、「失敗したかな」と思いました。

ただ、中学校、高校、大学へと上がる段階で盛《も》り返しがあり、大人が行う仕事をやれるようになってき始めたのです。「幼児期の英才教育の成果は、必ずしも学校の成績などに出るわけではなく、そのように別なかたちで出てくることがある」ということがわかりました。つまり、判断力、ものの考え方、善悪

を知る心などが、大人のように、ずいぶん、しっかりしてきたのです。

それから、長女の咲也加は調和型で、どちらかというと、コーディネーター（調整役）として見られていたのですが、実は、強い意志の持ち主でもあります。彼女には、信念を曲げないところがあって、戦闘《せんとう》要員として意外に強いことが、あとからわかってきました。

ちなみに、幸福の科学学園中学校・高等学校（那須《なす》本校）の現校長は、以前、宗務本部で私の子どもたちの世話をしていた人ですが、この人は、子どもに勉強を教えるのではなく、子どもを連れて芋掘《いもほ》りに行ったり、いろいろな川の土手を歩かせたりして、「今日、宏洋君は七キロ歩けました」などと報告していました。そういうことばかりしていたのです。

彼は、山に向いている人ではあると思います。体力を誇《ほこ》っており、学生時代にはワンダーフォーゲル部で山歩きをしていたため、私の子どもにも同じようなことをさせていたようです。

## 3　幼少期の教育のあり方

### 基本的な部分を訓練させ、努力の大切さを教える

「早ければ早いほど有利だ」と考えて、幼少時に勉強の先取りをすることは、灘《なだ》校などの中高一貫校《いっかんこう》が、一年ぐらい勉強を先取りし、受験で有利になったことから来ています。

塾《じゅく》のなかには、いわゆる「二年飛び」をするところも出てきたりしました。

うちの子の場合には、「四年飛び」や「五年飛び」までやったのですが、結果的には〝ゼロパーセント〟になってしまったようなところがあります。

長男は東京学芸大学の附属《ふぞく》中学校に入ったのですが、学芸大附属中学の入試問題を、小学校三年生のときに解いて、すでに〝合格〟していました。

そのため、学校では、先生に追い回されるような状態になってしまいました。「次は、どんな悪さをするか」と思われて、網《あみ》を張られ、見張られているような状態だったので、本人は、あまり幸福ではなかったようです。

そこで、「受験関連に関しては、せいぜい一年飛び、マックス（最大）でも二年飛びまでにし、それ以上はやらないほうがよいのではないか」と思いました。長女のときには、用心をし、「一年飛びぐらいが限度かな」と見て、それ以上はさせないようにしたのです。

　ところが、その弟が「五年飛び」をしたため、長女は、かわいそうな目に遭《あ》ってしまいました。「自分より上の学年の勉強を、弟が先に勉強している」という状況《じょうきょう》になったのです。

　しかし、長女は、歯を食いしばり、自己流で勉強していました。長女の場合、勉強の仕方は手堅《てがた》いものだったと思いますが、それでよかったようです。

「小学校三年生までは、国語の文法を学び、文章を読んで、いろいろな言葉を覚え、算数の足し算や引き算、掛《か》け算、割り算などを、きちんとできるようにしておいたら、それで十分ではないか」と思います。

　こういう基本的な部分で、ぽろぽろと間違《まちが》うような状態のままだと、学年が上がり、難しい問題を解くようになったとき、ミスがたくさん生じてしまうのです。

これに関しては、やはり訓練が必要です。この訓練を小学校の低学年で行わなくてはなりません。また、その基礎《きそ》の部分については、幼稚園《ようちえん》以下で訓練することも大事です。勉強以外のところで、そういう訓練をきちんとしておかないと、あとで困ることがあるのです。

個性は生かさなくてはいけませんが、いまの私は、「基本的な部分に関する訓練も必要である」と感じています。

もっとも、幼少時の知能訓練については、ある程度は可能ですが、「やや博《ばく》打《ち》っぽいものがある」と言わざるをえません。親が子どもを自慢《じまん》したくて、早いうちから、いろいろと知能訓練をすると、その部分に関して、よくできるようになることは多いと思いますが、あとで逆襲《ぎゃくしゅう》が来ます。

要するに、その子は、「小さいころには、よくできた」と思っているのですが、ほかの子も、自力で勉強し、じわじわと、よくできるようになってくるので、そのとき、相対的に自分があまりできなくなってきたような気がするのです。

小さいころには、親の力など、まわりの人の力によって、グッと知能を上げることができたわけですが、年齢《ねんれい》が上がると、勉強しても、そう簡単には成績を上げられなくなってきます。そうなると、何か自分が駄目《だめ》になったような気がしてきて、やけになったり、自暴自棄《じぼうじき》になったりする傾向《けいこう》が出るのです。

うちの子だけではなく、よその優秀《ゆうしゅう》な子を見ても、そういうことは言えます。ずっと優秀だったのに、ほかの子に追いつかれてきて、がんばっても成績の上げようがなくなってきたり、下がってきたりすると、自信がなくなるところはあるのです。

客観的に見て、私は、どちらかというと、スロースターターのほうでしたし、長く努力したほうが勝つような気はするので、「子どもには、努力の大切さを教えるのがよい」と考えています。

## しつけを行い、礼儀《れいぎ》正しさや信仰心《しんこうしん》等も教える

幼少期の子どもに対しては、しつけを行い、規則などをきちんと守ることができるように訓練することも必要です。また、礼儀《れいぎ》正しさや信仰心《しんこうしん》等を、しっかりと教えておいたほうが、先行きはよいのではないかと思います。

それを身につけた子は、公立小学校や公立中学校に入っても、あるいは、それ以外の学校に入っても、まわりとの距離《きょり》をじょうずに取り、周囲に迷惑《めいわく》をかけないような生き方ができるので、本人も楽ですし、まわりも楽なのです。

もっとも、あまりにも規則を守りすぎてはいけない面もあります。

例えば、長女は、中学校時代にはダンス部に所属し、ダンスがとてもよくできたので、「ダンス部の部長になるのではないか」と言われていました。

ただ、長女が通っていた中学校では、学校側が、「五時になったら、まっすぐ家へ帰りなさい。池袋《いけぶくろ》近辺には悪いおじさんが出てくることがあるから、途《と》中《ちゅう》で留《とど》まらないようにしなさい」と指導し、先生が池袋近辺を巡回《じゅんかい》したりしていました。そのため、長女は、部活が終わると、三年間、まっすぐ家へ帰っていたのです。

ところが、部活の仲間たちには、それを許さないところがあり、「ちょっと、お茶しないか」と誘《さそ》ったりするのですが、長女は、それを拒否《きょひ》し、「六時には父が待っているから」というような感じで、まっすぐ家に帰っていたので、「部活のリーダーになるには、付き合いが悪すぎるのではないか」と言われ、いじめを受けて、一時期、悩《なや》んでいたようです。

しかし、彼女は家の方針のほうをとり、自分なりの世界を選びました。

このように、「規則を守る」「礼儀正しく生きる」ということと、「個性を自由に伸《の》ばす」ということを両立させるのは、なかなか難しいものです。

私は、基本的には、「規則を知らないことが原因となって、事故やトラブルが起きたり、人間関係で軋轢《あつれき》が起きたりするのなら、規則を事前に教えておいてあげたほうがよい」とは思います。

しかし、いくら枠《わく》にはめようと努力しても、はみ出してくる人はいます。これには、個性としか言いようのないところがあるので、そういう人を病院に連れていって診断《しんだん》してもらい、「○○症《しょう》」「○○障害」などというレッテルを貼《は》られたとしても、それを信じ込《こ》まないほうがよいのです。

その強い個性の奥《おく》には何か大きな使命がある場合もありえます。

したがって、枠にはめようとしても、はめることのできないタイプの人については、「この人には何か使命があるかもしれない」と見てあげるほうがよいと思います。

## やり続けているうちに、マスターする速度は速くなる

全般《ぜんぱん》に、子どもは親の姿をよく感じ取っています。

私自身も、親から特別な教育をしてもらった経験はないのですが、とにかく両親の愛情が細やかであることは感じていました。両親が「縁《えん》の下の力持ち」として努力しようとしている気持ちが、ひしひしと伝わってきていたのです。

それが、私の不良化を防ぎ、すさんだ心を立て直す原動力になりました。

また、私は奥手だったので、小学校時代には新聞が読めなかったのですが、兄は小学生のころから新聞を読んでいたため、頭の出来がずいぶん違うように感じられ、「何とかして兄に追いつかなくてはいけない」という思いを持っていました。

ただ、私と兄とは四学年も違っていたため、さすがに厳しいものがあり、私は小学校時代には新聞が読めるようにはならなかったのです。もっとも、「家には新聞が一つしかなかった」という事情もありました。「あちらに取られたら、こちらは読めない」という面もあったのですが、そもそも新聞の言葉自体が小学校時代の私には難しかったのです。

私は、東大の文Iに入って初めて、一学期に朝日新聞を一面から最終ページまで読みました。記事を隅《すみ》から隅まで読み、一学期のあいだ、それを続けたのです。その結果、新聞の内容について、「だいたいわかる」と思えるようになりました。ただ、それでもまだ、一面の政治欄《らん》や、二面、三面の国際欄などについては、難しく感じられる面もあったのです。

当時の私はテレビを持っていませんでした。テレビだけではなく、冷蔵庫もクーラーも持っておらず、まるで原始人でした。扇風機《せんぷうき》さえ持っていなかったのです。ただ、「国際情勢などを知るには、テレビを見たほうがよかったのかな」と思ってはいます。

私は、大学一年生になってから、やっと新聞がきちんと読めるようになったので、小学校時代から読んでいた兄と比べると、「すごく遅《おく》れている」という思いがありました。しかし、大学生と小学生では、新聞の読み方の深さは、それなりに違うと思います。

また、会社に就職してからは日本経済新聞を読むようになりましたが、最初は、まったくチンプンカンプンでした。ただ、半年ぐらい読み続けると、だいたいわかるようになったのです。

私は、何かをマスターしたりするようなとき、いつも、「遅いなあ」という感覚を抱《いだ》いていました。常に、そういう気持ちがあり、それで、ずっと生きてきたのです。しかし、やり続けているうちに、だんだん、いろいろなものが速くなってき始め、マスターしていく速度が速くなっていったことを感じています。

# 4　それぞれの花が花壇《かだん》に咲《さ》くことがすばらしい

## 子どもの違《ちが》いを見分ける子育てを

もう一つ、お母さんがたに述べておきたいことは「単線と複線」の問題です。

女性は、一般《いっぱん》に、複線型、複眼型の存在だと言われています。

昔は、母親には複数の子どもがいることが多かったわけですが、その子どもたちは、それぞれ、いろいろなところで、いろいろなことをやっています。母親は、それを、全部、見ていなくてはいけません。子どもの一人ひとりについて、「いま、あの子は、どこで何をしているか」ということを同時に見て、危機を察知したら、そちらにパッと行かなくてはならないので、女性は、もともと複眼型にできているのです。

一方、男性のほうは、けっこう単眼であり、「一つの仕事を、ずっと最後まで続ける」というようなことに向いています。

ところが、最近は、高学歴の女性が多くなり、男性型の仕事をしている女性も増えてきました。そういう女性たちは、仕事を辞《や》めて母親になったり、仕事をしながら母親業をしたりすると、男性型のものの見方をし、子どもたちを単眼で見てしまいがちなので、気をつけなくてはいけません。

やはり、子どもたち一人ひとりの様子をよく見て、それぞれの個性を生かしていくことが大事です。五頭なら五頭の馬をバラバラに走らせていても、「一頭一頭の馬が、どこで何をしているか」ということを見ながら、全体の進度や、それぞれの進度を見るような眼を忘れてはいけません。これが女性の本当の能力なのです。

大学教育や職業訓練などによって、女性が男性型の頭になってしまうと、子どもの教育に関して、非常に成果主義型のものの考え方をして、一つのことにすごくこだわる眼を持つようになります。

しかし、子どもが複数いるときには、一人ひとりの子どもが持つ、いろいろな面を見て、それぞれの子どもの違《ちが》いを見分けながら育てていかなくてはなりません。そういう「複線的子育て」をする努力が大事だと私は思います。

この能力は、女性には、もともとあったものなのですが、いまは、それが失われつつあるように感じられます。

私は男性ですが、幸いにして複眼型であり、さまざまなことが同時多発的に起きても、その全部に対応ができるタイプなのです。そのため、意外と子育てにも適性があり、いま、子育てにかなり責任を持つことができるようになっています。

子どもたちは、それぞれ、まったくバラバラに動くのですが、各人について、「だれが何をやっているか。いま、どのあたりを行《い》っているか」ということを見なければいけません。私は複眼なので、だいたい、それが見えるのです。それで、子育てに意見を言えるのかもしれません。

芸術的な側面を持っている人には、ビジュアライズ（ビジュアル化）というか、「目に見えるようなかたちで、いろいろな姿を思い描《えが》ける」というところがありますが、そういう能力は私にもあり、それが、いま、生きているのではないかと思います。

単線型の母親は高学歴の女性に多いわけですが、特に、理数系の学問がよくできた人、あるいは、文科系であっても、法学部や経済学部など、男性が多い学部の学問を勉強した人には、一つの仕事をグーッとやり抜《ぬ》くような単線型のタイプが多く、結婚《けっこん》して子育てに入っても、なかなか成果が出ないと納得《なっとく》せず、子どもを責めることがあるので、注意したほうがよいでしょう。

それぞれの花が花壇《かだん》に咲《さ》いていることを、「すばらしい」と思う気持ちを持っていたほうがよいと思います。

その気配りは、同時に、夫に対する気配りや、親に対する気配りにもつながります。こうした複眼がないと、自分の親や夫の親、親戚《しんせき》、近隣《きんりん》の人、友人など、いろいろな人に対する気配りの部分で、女性として、やはり十分ではないところが出てくるのではないでしょうか。

## その人の持っている力や仏性《ぶっしょう》を信じよう

私は、学歴そのものを否定はしませんが、「学歴がすべてではない」という考え方も持っています。

「努力した者は認められるべきだ」と思いますが、人間には、学問的なもの以外の才能もあります。また、いまの世の中においては、人の心をつかまえられる人が世の中を動かしているので、そういう特性がその子にあるのならば、それにも期待してあげてください。

そして、最後には、「自分でやっていく力」を身につけさせることが大事です。

子育てに関して、わが家の基本方針は、少なくとも私に関するかぎり、「自由放任」に近かったので、言う資格はあまりないのかもしれませんが、「その人の個性を伸《の》ばしていく」ということは、最終的には、「その人の持っている力や仏性《ぶっしょう》、神性《しんせい》を信じる」ということにつながっていくと思います。

したがって、途中《とちゅう》まではお手伝いをするとしても、どこかで手を放していかなければならないのです。

そういうことを知っていただければ幸いです。

第2章

# 子育てのアドバイス〔Q&A〕

# Q1　子どもの魂《たましい》を正しく見るには

人間には魂《たましい》が宿っていると教えていただいておりますが、子どもの魂は、大人に比べて劣《おと》っているのでしょうか。「子どもの魂をどう見たらよいのか」ということについて教えてください。

## 大人と比べて子どもの魂《たましい》が劣《おと》るわけではない

母胎《ぼたい》に宿る前の魂《たましい》は、天上界《てんじょうかい》において大人の意識で生活していますし、魂が母胎に宿ったあとも、もちろん、赤ちゃんの段階から魂としては完全です。

肉体機能の発達に合わせた表現形態が出てくるため、大人になるまでは幼稚《ようち》に見えますが、それは魂が体の機能に合わせて発現しているだけであり、決して、大人と比べて子どもの魂が劣《おと》っているわけではありません。

肉体に宿ったことによって、いったんゼロからやり直しているため、言葉数は少なく、難しい話を聞かされても理解できませんが、それは、しかたがないことです。以前は外国人で、今回、初めて日本語を勉強している可能性もあります。

ただ、子どもが大人より魂的に劣ることは絶対にありません。親子であっても、子どもの魂が親の魂より劣るわけではないのです。

## 障害を持っていても、魂《たましい》としては完全

また、病気にかかっていたり、何らかの障害を持っていたりしても、魂《たましい》としては完全です。完全な魂を持っています。

障害などを持っていたりすると、試練として、何十年かのあいだ、苦しみがあるかもしれませんし、家族にも迷惑《めいわく》がかかるかもしれません。しかし、あの世へ還《かえ》ったら、完全な姿に戻《もど》ります。

そういう重荷を背負って生きることは、何らかの魂修行《しゅぎょう》に必ずなっているので、障害などをあまり深く考えすぎてはいけません。「魂的に劣っている」と

いう考え方をとるべきではないのです。

実は、そういう重荷を背負いながら、苦闘《くとう》し、努力している人のなかには、すばらしい光を秘《ひ》めている人もいます。普通《ふつう》の人よりも、もっと立派な人が、重度の障害を持っていたり、知的障害者のように見えたりすることも、この世にはあるのです。

光の天使たちが、一定の使命を持ち、そういう姿で生まれていることがあります。世の中の人たちを何らかのかたちで教育したり、親に対して教育をしたりする必要があって、そういう姿で出ている場合もあるのです。

したがって、外見《がいけん》だけで判断してはいけません。

## 子どもの魂を正しく見よう

子どもの魂は、
母胎に宿る前、天上界において
大人の意識で生活していたのであり、
魂としては完全です。

## Q2　霊的《れいてき》観点から見た「胎教《たいきょう》のあり方」

妊娠《にんしん》から出産までのあいだ、胎児《たいじ》の意識は、どのような状態なのでしょうか。

また、霊的《れいてき》観点から見た「胎教のあり方」についても教えてください。

## 胎児《たいじ》に魂《たましい》が宿るのは妊娠後《にんしんご》の九週目

妊娠《にんしん》後、三カ月目になると、胎児《たいじ》に魂《たましい》が宿ります。もっとも、妊娠の場合、一カ月を四週単位で数えているので、それは実際には九週目に入るころです。

魂が地上に生まれ変わるとき、天上界《てんじょうかい》で行う準備には、魂の境涯《きょうがい》（立場）によって違《ちが》いがありますが、ここでは代表的な例を紹介《しょうかい》します。

地上に生まれ変わる時期が来た魂たちは、胎児に宿る前に、一定の場所に集められ、まずオリエンテーションを受けます。そこでは、「生まれ変わりは、どのようになされるのか。地上の世界は、いま、どうなっているのか。注意事《じ》項《こう》は何か」などといったことを説明されます。

その際、現在では、ビデオを使っているところもずいぶんあります。地上に生まれ変わる魂たちは、語学練習を行うLL教室のようなところに入り、地上に関する、いろいろなことを、視《み》たり聴《き》いたりして、ずいぶん勉強させられるのです。

そのカリキュラムが終わると、彼らの霊的《れいてき》な体は、しだいに胎児用の形態に変わっていきます。繭《まゆ》のような、小さいカプセル状の形になり、冬眠《とうみん》状態のようになるのです。そういう状態になると、他の人との交信は全然できなくなります。

そして、妊娠後、九週目に入ると、地上に下りてきて胎児に宿ります。もう少し遅《おく》れる人もいますが、だいたい九週目に宿るのです。

## 胎児《たいじ》の精神年齢《ねんれい》は三歳《さい》から七歳ぐらい

魂が胎児《たいじ》に宿ると、言葉は悪いですが、憑依《ひょうい》現象とあまり変わらない状況《じょうきょう》になります。母親の体に他の霊が入っているかたちになるのです。

ただ、この段階では、魂と胎児の結びつきがまだ安定していないため、胎児の魂が母親の体のなかにずっといることはなく、ときどき出たり入ったりします。足場は残っているのですが、何度も出たり入ったりするのです。

胎児の魂は、妊娠後の七カ月目までは、赤ちゃんではない意識も、けっこう持っています。四カ月目ぐらいのときには、まだ大人の意識も残っています。意識が子どもになったり大人になったりして揺《ゆ》れるのです。精神年齢《ねんれい》が上がったり下がったりしています。

そのうち、その振幅《しんぷく》がだんだん小さくなり、五カ月目ぐらいになると、三、四歳《さい》から六、七歳までの範囲《はんい》にだいたい収まってきます。この状態は五カ月目ぐらいから七カ月目まで続きます。

この期間に絵本などを読んであげると、胎児の魂は明らかに反応します。ある程度、絵本の内容がわかるのです。話しかけると、多少、反応することもあります。

また、音楽も多少は聞き分け、嫌《いや》な音楽とそうでない音楽とがわかります。ロックなどのうるさい音楽をかけると極端《きょくたん》に嫌がりますが、赤ちゃん用の静かな音楽をかけると喜ぶのです。

## 現在の胎教《たいきょう》理論の誤り

私は「現在の胎教《たいきょう》理論には誤りがある」と思います。現在の胎教理論では、「妊娠後八カ月目ぐらいになると、胎児の聴覚《ちょうかく》が発達してきて音がよく聞こえるので、八カ月目からの胎教が効果的である」とされているようですが、霊的に見ると、八カ月目以降は胎教の効果がなくなるのです。

八カ月目に入ると、魂が胎児のなかにしっかりと入っていて、もう流産しないかたちになります。この段階では、魂は完全に赤ちゃんの意識になっており、赤ちゃんが理解できる範囲のことにしか反応しないのです。

七カ月目までは、子どもの意識がまだ残っているため、絵本を読んだりされると反応できるのですが、八カ月目以降は、快・不快などは感じても、残念ながら、物語などは理解できません。

したがって、八カ月目以降は、胎児が健《すこ》やかに成長し、無事に生まれることを祈《いの》るしかないように思います。胎教が有効なのは四カ月目から七カ月目までです。この期間であれば、絵本などを読むと、その内容が胎児にはわかるので、できるだけ情操《じょうそう》教育をしておけばよいと思います。

## 胎教へのアドバイス

胎教が有効なのは、
妊娠後、四カ月目から七カ月目までです。

この期間に、
絵本などを読んだり、音楽を聴いたりして、
できるだけ情操教育をしておけば
よいでしょう。

# Q3　ADHDなどに関する考え方

大川総裁は、「ADHD（注意欠陥《けっかん》・多動性障害）に見えるような言動は個性の一つである」というように説かれていますが、似たような症《しょう》例《れい》として、自閉症の一種であるアスペルガー症候群（高機能障害）やLD（学習障害）なども出てきています。これに該当《がいとう》する子どもが昔より増えているのであれば、その時代的な意味と、そういう子どもの使命についてて教えてください。

## 人間には多様な個性がある

医学的には、新しい症例《しょうれい》がたくさん出てきていますが、医学をあまり信用してはいけません。とにかく分類しているだけなのです。

自閉症も、その定義を読めば、内容が矛盾《むじゅん》していて、めちゃくちゃです。いろいろな特徴《とくちょう》をいくつも取り入れており、ほとんど〝うそ〟です。あれを信じてはいけません。何だかよくわからないものを自閉症にしたりしているのです。医者たちは、とにかく何かレッテルを貼《は》らなくてはいけないと考えて、そうするのですが、それをあまり信じないほうがよいのです。

ＡＤＨＤも実は活発なだけです。勉強が嫌《きら》いで、教室でじっとしていられない子は、昔からいくらでもいます。それは当たり前のことであり、寺子屋《てらこや》で、じっと教えを聴《き》いている子は、いないほうが普通《ふつう》です。子どもの場合、外で走り回るのが普通なのです。

ＡＤＨＤなどは、子どもたちを管理する側が、管理が楽になるように言っているだけです。管理するのが楽ではない子を、「問題がある」と言っているのです。医者は、いろいろと分類していますが、人間には多様な個性があるのですから、そういうものをあまり気にしないほうがよいのです。

「仏の子だ」と思って見てあげてください。人間の魂《たましい》には、それぞれ、いろいろな傾向《けいこう》があるため、変わったことをする子も数多くいるのです。

## 動物霊《れい》に憑《つ》かれた子どもには奇行《きこう》が多くなる

ただ、現代では、低年齢《ていねんれい》であっても悪霊《あくれい》現象が起きるので、家庭に問題があったりして動物霊などが憑《つ》いている子には、奇行《きこう》が多くなります。

そのため、子どもの奇行に関しては、それが魂の傾向なのか、霊障《れいしょう》なのか、よく見きわめなくてはなりません。

動物霊であれば、子どもにも憑くことができます。家庭に問題があるような子には、動物霊が憑きやすいのです。

動物霊に憑かれると、少し変わった行動をするようになるので、奇行が多い子に関しては、いちおう動物霊の憑依《ひょうい》を疑ってみてください。その行動が魂の傾向性によるものではない場合があります。子どもはまだ頭のレベルが低いため、動物霊に憑かれやすいのです。

「親がケンカばかりしている」「親から不当な仕打ちをされている」「きょうだい間で差別をつけられている」「勉強ができないで怒《おこ》られている」「食べたい

物が食べられない」などという理由で、何かと不満があって、心に曇《くも》りがあると、子どもであっても動物霊に憑かれることもあります。

動物霊に憑かれていると、変な行動が多くなります。家のなかを荒《あ》らしたり、悪さをしたり、急に家を飛び出していったりします。抑《おさ》えが利《き》かないようなことが数多く起きる可能性もあります。

したがって、そういう悪霊に憑依されないようにしなくてはなりません。

自閉症と言われるもののなかには、どう見ても、悪霊の憑依によるものが一部入っていると思われますが、それが医者にはわかりません。悪霊が何体も憑いて多重人格のようになっている場合でも、「脳がおかしくなったか何かだろう」「神経がおかしい」などと言っているような状態です。

このへんに関して、医学は、まだ、ほとんど迷信の領域にあります。宗教のほうがずっと進んでいるので、医者の言うことは、ほどほどに聴いてください。

彼らも生計を立てなくてはいけないのですが、何らかのレッテルを貼り、鎮《ちん》静剤《せいざい》などの薬を出していれば食べていけるのです。しかし、これでは、古い時代の宗教とほとんど変わらないレベルです。かわいそうなことに、その程度の理解で、彼らは自分たちを「専門家だ」と思っているのです。

## 与《あた》えられた環境《かんきょう》のなかにある「最善の学び」

ＡＤＨＤなどについて、一般《いっぱん》的には、「魂の個性や多様性の問題だ」と考え、「現代の管理社会に合った子どもばかりがいるわけではないのだ」ということを信じたほうがよいでしょう。そして、「だれもが仏の子なのだ」と考えてください。

現実に障害がある場合もありますが、その場合でも、何か魂の学習の目的があって、そうなっていることもあるのです。

例えば、視聴覚《しちょうかく》障害者をいじめた人は、カルマ（業《ごう》）の揺《ゆ》り返しのなかで、自分も同じように視聴覚障害を経験することがあります。そういう弱者に対して、いじめたり、攻撃《こうげき》したりした人は、自分も、一度、そういう弱者の体験をしてみたほうがよいのです。今世《こんぜ》、生まれたときには、「なぜか」と思うわけですが、過去世《かこぜ》に何か原因がある場合もあり、それは大きな流れのなかでの学習なのです。

また、脳に障害がある人や知的障害者の子をいじめて苦しめると、自分もそういう障害を持つこともあります。それ自体は親にとっても子にとっても不幸ですが、長い目で見ると、魂の学習の一環《いっかん》として完璧《かんぺき》にカリキュラムに組み込《こ》まれ、今回の課目として入っている場合があるのです。そのため、その障害をなくすことはできませんが、あの世へ還《かえ》ると障害はすべてなくなるのです。

このように、何かのカルマを持っていることはあります。

昔であれば、合戦《かっせん》などにおいて、よく刀で斬《き》り合ったりしますが、そういう場で人を斬り、それに関して心が痛むと、転生《てんしょう》の過程で肉体的なハンディを負う場合もあります。

もちろん、事故などでそうなることもありますが、カルマが原因で肉体的ハンディを負う場合も一部にはあるので、肉体的障害の全部を解決することはできません。その原因などについては、魂の学習のカリキュラムを見てみないとわからないのです。

ただ、どのような条件下に置かれても、与《あた》えられた環境のなかで、「ここに自分の最善の学びがある」と思い、努力しなくてはいけません。

障害のない人を見て、「うらやましい」と思うかもしれませんが、だれもが、それぞれの課題に取り組みながら生きているので、それぞれの環境のなかで努力することが大事なのです。

なお、アスペルガー症候群は、アインシュタインなども、そう分類されているので、ある方面への天才性が、他の機能を封《ふう》じ込《こ》めている場合もあります。また、完全主義的で正義感が強すぎる人もあって、人間関係のトラブルが絶えません。「光の天使の可能性もある」と思ってください。

ＬＤは、不得意科目の言いわけによく使われます。「好きこそものの上手なれ」です。コツコツと努力しましょう。

## ADHDなどに関する考え方

ADHDなどについて、
一般的には、「魂の個性や多様性の問題だ」
と考えましょう。
だれもが仏の子なのです。

## Q４　障害を持って生まれることのスピリチュアルな背景

私の長男は障害児で、いま二十代です。障害を持つ子どもが大きくなると、介護《かいご》に疲労《ひろう》感を伴《ともな》うこともあります。障害児を持つ親へのアドバイスをお願いします。

## 障害は過去世《かこぜ》のカルマが原因であることも多い

アドバイスとして言うべきことは二点あります。

一つ目は、「個人相談的に見ると、障害児、すなわち、大きな障害を持つような子どもが生まれてくる場合には、たいてい、前世《ぜんせ》や前々世などに、カルマというか、何らかの原因がある」ということです。

過去世《かこぜ》をずっと辿《たど》ってみて、その原因がないことは、ほとんどありません。その人の人生修行《しゅぎょう》として、あるいは人生の問題集として、「今回は、そういう人生を経験しなさい」というテーマが出され、そうなっていることが大部分なのです。

さらに、その子だけではなく、大多数の人たちが、過去、数千年の転生《てんしょう》のうち一回ぐらいは、体に不具合のある人生を経験しています。

なぜかというと、たいていの場合、過去の転生で、ほかの人に害を与《あた》え、その人の体の自由を奪《うば》うような経験をしたことがあるからです。

原始的な時代においては、人間は、お互《たが》いに野蛮《やばん》でした。人をいじめたり、殴《なぐ》ったり、蹴《け》ったり、叩《たた》いたりする人は、今でもいます。転生の過程で、人を害した経験のない人など、ほとんどいません。過去世で、人を不幸にし、肉体的にもいじめたことのある人は大勢いるのです。

## 戦争で生まれるカルマとは

昔は戦争も数多くあったので、過去世で戦争の経験がない人は、めったにいないでしょう。善人であり、個人的には悪意を持っていないとしても、弓の腕《うで》がよければ、戦争に駆《か》り出され、敵兵の頭や腕、脚《あし》などを射抜《いぬ》いてしまうこともあります。それで国を守れたとしても、相手を傷つけたこと自体は、いちおうカルマとして残ります。自分の心のなかに〝傷〟が残るのです。

例えば、「戦国時代の戦いで、相手の頭を射抜いた」という記憶《きおく》が残ると、「どこかの転生で、その償《つぐな》いをしたい」という気持ちが出てきます。そうすると、「一度、脳に何かの障害が起きる立場で生まれ、苦しい一生を二十年ぐらい送る」というような人生を計画することがあるのです。

その二十年間、本人にとっても、その家族にとっても、ものすごい苦しみを味わうわけですが、あの世に還《かえ》り、ふたを開《あ》けてみたら、「実は、昔、こんなことがあって、その償いをしたかったのか。ああ、これが今回の人生の問題集だったんだな」と気づくことがあるわけです。

何らかの障害を持つ子は百人に一人ぐらいいると思いますが、それは、「そういうカルマのある人が、そのぐらいの割合でいる」ということなのです。

## 障害を持つことでカルマを清算する場合がある

表に出ている現象だけを見ると、「なぜだろう」と思うかもしれませんが、カルマを消すために、そうなっていることがあるのです。そういう人生を経験することによって、そのカルマは消え、償いが終わるわけです。

例えば、刀で人の腕を切り落とせば、どこかの転生で手に障害が出たりします。一度、そういう障害を経験することによって、過去の罪の意識のようなものが消えるのです。それで、そのカルマが清算され、問題集の問題を一つ解いたことになるわけです。そして、また別の問題が出てきます。

障害児として生まれること自体は、この世的に見たら不幸ですが、長い転生で見たら必ずしも不幸とは限りません。それは、意味のあることなのです。今回、障害児として生まれなければ、そのカルマは来世《らいせ》以降に持ち越《こ》しになります。それは、どこかで対決しなければいけないテーマだからです。

「今回でカルマを清算しよう」という人生目的があって、その障害と闘《たたか》っているのならば、神や仏にとっては、それを治さないことが慈悲《じひ》なのです。人間心では、「かわいそうだ」と思うでしょうが、「神や仏は、それを見守っているだけ」ということがあるのです。

当会の祈願《きがん》等を受けても、必ずしも奇跡《きせき》が起きず、障害などが治らないケースがあるのは、その人の人生の目的のなかに、「カルマの清算」が入っていることがあるからです。その場合には、その障害などを取り除くわけにはいきません。取り除いたら、来世以降で、もう一回やることになってしまうのです。

障害などを持つことに関して、一般《いっぱん》的には、そういう考えを持てばよいでしょう。特別な障害や特別な病気、難病・奇病と言われるようなものが何かある場合には、カルマの問題と見て、ほぼ間違《まちが》いありません。

今回の人生では、過去において、人を傷つけるような悪いことはしておらず、反省をしても何も出てこない場合でも、心の窓を開くと、過去世のことがわかり、カルマが見えてくるのです。

## 障害児は「健康のありがたさ」を教えてくれる先生役

二つ目に述べたいのは、「この世に障害児が一定の比率でいてくださるのは、ありがたいことである」ということです。

人間は、障害児など何かが欠けている人を見なければ、「自分は幸福である」ということがわからないものです。全員が健康であり五体満足だと、そのことに対して感謝の思いが全然起きないのです。

学校の同級生に、たまたま、障害のある子がいて、その子のお母さんが苦しんでいたら、まわりの人たちにとっては、とても勉強になります。障害のある子は、それによって自分が勉強するだけではなく、まわりの人にも勉強させているのです。つまり、先生役をしているわけです。

その意味で、障害のある人は一定の割合で必要です。人々に「健康であることのありがたさ」を教えなければいけないからです。

## ダウン症《しょう》の同級生から三男が学んだこと

数年前、私の三男は小学校でいじめを受けました。私たちは、学校側に対して、ずいぶん抗議《こうぎ》をしたのですが、結局、三男は転校したのです。

もっとも、〝返り討《う》ち〟で、いじめを隠蔽《いんぺい》しようとした校長と保健の先生がクビになり、それに加担した副校長と担任の教員は区外へ転勤になりました。また、教育委員会のメンバーで、同じく隠蔽に加担した二人もクビになりました。

ただ、子どもにとって、「大人と闘った」ということは、けっこうな痛手であり、心に少し傷が残って、つらい面はあったようです。そのため、いちおう転校させたのです。

三男が転入した小学校は、一学年が二十人ぐらいの小さな学校でした。そこにはダウン症《しょう》の男の子と女の子が一人ずついましたが、その子たちを見た三男には、とても優《やさ》しい気持ちが出てきたのです。

三男は、前の学校で、「おまえはデブだ」などと言われ、いじめられていましたが、「健康に恵《めぐ》まれているのは、ありがたいことなのだ」ということに気がついたようでした。

ダウン症の子たちは、体にハンディがあるため、運動会では、ものすごく苦労していました。また、その学校は別のクラスをつくることができなかったので、その子たちは、ほかの子と同じ授業を受けていましたが、勉強についていくのが、けっこう大変なようでした。

その様子を見て、三男は何か宗教的に目覚めたのです。ものすごく優しい気持ちが出たようでした。

前の学校では、子ども同士の競争が激しく、お互いにライバルを蹴落とすようなところがありましたが、その小さな学校に転校したら、三男の性格が優しくなったのです。

その学校には、ダウン症の子以外にも、前の学校でいじめられて転校してきた、外国人の子やハーフの子がいました。そのため、助け合うカルチャーをすごく持っている学校だったので、三男にとっては勉強になったようです。

いじめを隠蔽しようとした、前の学校とは、〝戦闘《せんとう》〟もしましたが、新しい学校では、優しさを勉強でき、宗教の勉強としてはよかったと思います。

ダウン症の子を見て、ものすごく優しくなりましたし、自分もいじめを経験しているので、自分と同じように、いじめられ、よその学校から転校してきた子に対しては、とても優しく接していました。

## 障害と闘《たたか》うことは菩薩行《ぼさつぎょう》でもある

障害など、いろいろな悪条件を持っている人も多いと思いますが、実は、まわりの人に何かを教えたり、まわりの人の性格を優しくしたりする修行もしているのです。まわりの人たちは、そういう人から逆に教わっているわけです。

こういう言い方をすることは、障害児本人やその保護者に対して申し訳ないことかもしれませんが、そういう不幸な人がいることは、慢心《まんしん》し、うぬぼれて、親や他人を恨《うら》んだり、世の中や国を恨んだりする人にとって、反省をするよすが（きっかけ）にもなっています。その意味で、そういう人がいてくださるのは、ありがたいことなのです。

何らかの障害を抱《かか》えていることについて、どうか、「これは菩薩行《ぼさつぎょう》の一部でもあるのだ。本人は大変だけれども、ほかの人を教えているのだ」ということを知っていただきたいと思います。

## 障害を持って生まれることのスピリチュアルな背景

「カルマを清算しよう」という人生目的があって、障害児として生まれることがあります。

障害児は、まわりの人に「健康のありがたさ」などを教えたり、まわりの人の性格を優しくしたりする修行もしています。障害と闘うことは菩薩行でもあるのです。

# Q５　育児に悩《なや》む母親へのアドバイス

保育園で知り合った若い母親たちから、「子どもに対して怒《いか》りが収まらなくなり、どうすればよいかがわからなくなるときがある」「すべてを投げ出して育児放棄《ほうき》をしたくなるときがある」などという悩《なや》みを聞くことがよくあります。このような悩みを持つ人に、どのようなアドバイスをすればよいでしょうか。

## 子どもがかわいいのは五歳《さい》まで

子どもは手がかかるものなので、ときどき親が子どもに腹を立てるのは当たり前のことです。腹が立たないほうがおかしいのです。そういう人は〝仏様〟であり、腹が立つのが人間なのです。

子どもは、言うことをきかないし、悪さをするし、本当に手間がかかります。特に、現代においては、子どもに腹が立つ理由として、「これだけ手をかけても、最後には、親に砂をかけるようにして去っていくのではないか」という、未来に関する予想が立つことがあります。「手間だけがかかり、よいことは何もない結果に終わるのではないか」という、漠然《ばくぜん》とした不安があるため、余計に腹が立つわけです。

昔は、きちんと子育てをすれば、親は老後の面倒《めんどう》を見てもらえ、苦労した分だけ報《むく》いられたので、まだよかったのですが、いまでは、子どものほうは、だいたい、「親の言うことをきくのは大人になるまでだ。二十歳《はたち》になったら、あとは勝手に生きる」と考えているものなのです。

子どもは、十代になると、独立運動を始め、しだいに親の言うことをきかなくなりますが、十代は、ある意味で、親が子どもに対して適当に負けてやらなければいけない時代でもあります。

この時代に親があまりにも強すぎると、子どもが大人になり社会人になっていく過程で、問題が起きてくることもあります。親が強すぎたり偉《えら》すぎたりすると、子どもは親の価値観を丸ごと受け入れてしまうのですが、その結果、子どもが社会との不適応を起こす場合があるのです。

子どもは、将来、親とまったく同じ職業に就《つ》くとは限りませんし、親とまったく同じ環境《かんきょう》で生活するとも限りません。結婚《けっこん》の相手も、親とは違《ちが》うタイプだったりします。そのため、親から教わったことが、そのまま通用しない場合があり、そのときには自分の考え方を柔軟《じゅうなん》に変えていかなければならないのです。そういう意味で、現代では、親子の関係は、とても難しい問題になっていると思います。

ただ、私は幼児教育に関する本も数多く読みましたが、そのなかで最も心に残っている言葉があります。それは、「子どもがかわいいのは五歳《さい》まで」という言葉です。

その本には、次のようなことが書いてありました。

「親にとって、子どもは五歳までしかかわいくないが、それで、もう十分に親への恩返しは終わっている。六歳以降については、あきらめなさい。

各人が、自分の人生を求めて、あがき、もがいているのであり、子どもも、苦しい道を歩んでいるのだから、その上に、あまりにも大きな期待をかけたら、子どもの人生を損《そこ》なってしまう。だから、『五歳までで子どもの恩返しは終わる』と思いなさい。そうすれば、親子関係はうまくいく」

五歳まで育てるだけでも手はずいぶんかかりますが、その間《かん》、子どもは親に夢や希望を与《あた》えてくれます。また、五歳までの子であれば、何よりもかわいいものですし、親の言うことをよくきいてくれる子も比較《ひかく》的多いのです。

したがって、「五歳までで親への恩返しは、だいたい終わっている」と思ったほうがよいでしょう。そう割り切れば、親子の関係で不幸は起きずに済むようですし、予想外に親孝行な子どもになる場合もあるのです。

## 「子育ての成果」を欲しがる傾向《けいこう》がある現代女性

それから、女性の側の問題もあると思います。

現代の女性は、昔の女性と比べると、はっきり言って、かなり優秀《ゆうしゅう》です。しかし、その反面、子育てだけで自分の人生を終わらせてしまうことに対し、どうしても納得《なっとく》できないというか、悔《くや》しい思いを持っています。そのため、優秀な女性であればあるほど、どうしても子育ての成果を欲しがる傾向《けいこう》があるのです。

優秀な女性であれば、「仕事において、自分は優秀でなければならない」と思うのは普通《ふつう》のことでしょう。ただ、そういう女性は、家庭で子育てを始めた場合にも、仕事と同様に、「優秀な結果を出さなければいけない」と思い、自分にプレッシャーやノルマのようなものをかけてしまいます。その結果、子どもに要求するレベルが上がっていくのです。

さらに、優秀な女性には自分の過去を美化する傾向があり、「子ども時代に、自分は、どうであったか」ということを客観的に見ることができなくなっています。そのため、自分が十代後半になって身につけたような認識力を幼い子に要求するなど、子どもの目からは理不尽《りふじん》に見えることをかなりしてしまうのです。

そういう認識のギャップと焦《あせ》りがあります。

本来ならキャリアウーマンになれるタイプの母親の場合、自分のキャリアの全部か一部を捨てて子育てをしていることが多いため、その分、子どものほうに負荷《ふか》を載《の》せる傾向がどうしてもあります。「負荷」という言い方が悪ければ、

「期待」という言葉でも結構ですが、そういうかたちで、子育てに一定の成果を必ず求めるのです。

そして、「私が教えたのだから、それだけの成果があがらなければいけない。そうでなければ、私が会社を辞《や》め、会社での出世コースを捨てた意味がない。結婚しなければ無限にキャリアがつくれたのに」などという思いが収まらないところがあるようです。

## 豊富な経験を積むほど、人生が豊かになる

全体的に考えると、結婚することと結婚しないこととを、損得勘定《かんじょう》だけで客観的に比較した場合、「現在ただいま」という時点では、やはり、結婚したほうが重荷は多くなることは明らかです。

それは女性だけではなく男性もそうです。男性にとって、結婚は、借金を背負うこととほとんど同じです。家を建てると、たいてい借金ができますが、家を建てる前にできる〝借金〟が結婚です。男性は人生で二度も借金をしなければいけないのです。

男性にとって、奥《おく》さんと子どもは、ある意味で〝借金〟なのです。男性は、結婚をすると、一生払《はら》い続けなければならない〝借金〟を背負い、さらに家を建てたならば、二回目の借金をつくることになって、完全に逃《に》げられない状態になります。まるでクモの巣にかかった昆虫《こんちゅう》のような姿になるのです。

しかし、男性は、むざむざ、その道を選んでいくわけです。それが現代的な姿であり、この世的には不幸の選択《せんたく》をしているようにも見えるのです。

一方、女性のほうも、「結婚さえしなければ、自由を手にできた。子育ての重荷もなく、家庭に縛《しば》られることもなく、収入をもっとあげられ、よいことがたくさんあったにもかかわらず、愚《おろ》かにも結婚してしまったために、泣いて暮らす毎日になってしまった」と思うことがあります。

そのため、いまでは、この世の人生のことだけを考え、「結婚するのは損だ」と思う女性が都市部を中心に増えてきています。特に、東京の港区や渋谷《しぶや》区、品川区あたりでは、三十代の女性のうち、五割から六割が独身だそうです。

この世的に見れば、結婚しない女性のほうが賢《かしこ》く見えるところはあります。

ただ、結婚には、もう一つの面があるのです。

自らの幸福度や成功度を、「人生で何を達成したか」という達成感で測る考え方もありますが、それとは違い、「どれだけの経験を積んだか」ということで測る考え方もあります。つまり、「豊富な経験を積めば積むほど、それだけ人生が豊かになる」という見方もあるわけです。

したがって、「他人《ひと》が経験していることを、自分も経験してみたい」という気持ちもまた一つの考え方であると思います。

結婚は、男性にとっても、女性にとっても、つらいところがあります。

しかし、予想外のことが数多く起き、苦労したり、いろいろな体験を積んだりすることもまた人生なのです。人生の最後まで行《い》ったときに、「いろいろな経験を積めた。アクシデントの連続だったけれども、起伏《きふく》に富んだ、面白《おもしろ》い人生だったな」と言えて、そういう自分を「幸福だ」と思えるような心境に達することができたならば、「結果として、よい人生であった」と言えるのです。

一方、「失敗が何もなく、グラフに四十五度の線を一直線に描《えが》いたような人生でした」と言えれば、一見、成功のようにも見えますが、本当に成功したかどうかはわかりません。

実は、この世で生きていく上で重荷になっていることや、失敗のように見えることは、人生を中道に入《い》らせるための重しになっているところがあるのです。

例えば、受験勉強の過程では、大勢の人たちがトップを目指して自分の順位を上げていこうとしますが、上に行けば行くほど〝ピラミッド〟は小さくなっているので、ほとんどの人は最も上のところまでは上がれません。

さらに、学歴で頂点を目指したあと、会社に入ると、また、その会社でのトップを目指していきます。アンケートを取れば、新入社員の半分ぐらいは、「将来、社長になりたい」と答えるそうです。しかし、社員数が五千人以上の会社の場合、めったに社長になれるものではありません。運もかなり要《い》るため、能力だけでは、通常、社長にはなれないのです。

新入社員たちの多くは、入社後、しばらくすると、「自分は社長にはなれない」ということが、はっきりとわかってきて、「自分の最終的な着地点は、どのあたりか」が見えてきます。そして、途中《とちゅう》で辞める人も出てくるのです。

確かに、人生には、「子育てがあった」「主人に少し問題があった」など、いろいろな理由で、思うようにいかなかった点はあるでしょう。しかし、その重しの部分が、ある意味での救いとなっているのです。

自分の思いどおりにならないことがあるからこそ、人生の中道に入《い》り、「世の中の当たり前の人間として経験すべきことを経験して生きていく道」を歩めるようになっています。言い訳のように聞こえる面もあるかもしれませんが、そういうことが言えると思うのです。

女性のなかには、社会に出て大いに活躍《かつやく》し、一生懸命《いっしょうけんめい》、自分をスーパーウーマンのように宣伝している人もいます。社会で大いに活躍できるのは立派なことだと思いますが、反面、それには影《かげ》の部分が必ずあります。影の部分なくして、表であれだけ活躍できるはずがありません。裏には必ずシャドー（影）がついて回っているはずです。要するに、何か犠牲《ぎせい》が出ているはずなのですが、その犠牲の部分については、たいていは語らずに隠《かく》しており、よいところだけを宣伝しているのです。

ところが、他の女性たちは、その宣伝に釣《つ》られ、その女性の生き方の影響《えいきょう》を受けて、「あのような生き方ができたらよいのに」などと思ってしまったりします。

しかし、「この世においては、喜怒哀楽《きどあいらく》をすべて経験することが、人生の豊かさにも関係するのだ」と考えたほうがよいのです。

## 子育てにも必要な〝職業訓練〟

さらに言えることは、「男性と同じように受験勉強をしてきたタイプの女性には、子育ての訓練がかなり必要になる場合がある」ということです。

そういう女性たちは子育てに必要な訓練を受けていません。昔であれば、女性は、母親の手伝いなどを通して、家事や育児の練習をすることができましたが、現代の女性のように、そういうことをせず、男性と同じような道で職業的成功を目指していくと、家事や育児が下手になるものなのです。

逆に、男性のほうが、女性を上回るほどの家事・育児能力を持っている場合もあります。現代社会には〝主婦業〟のじょうずな男性も大勢いるため、やや倒錯《とうさく》した印象を受けることもあるのです。

「子育て」のことだけを考えると、昔から言われているとおり、女性は若いうちに結婚したほうがよいのです。そのほうが子育てはうまくいくようです。なぜかというと、子育ても〝職業訓練〟が必要なものの一つだからです。

「会社仕事等をかなり経験した女性には、子育ての勘が鈍《にぶ》ってくる面がある」ということでしょうか。子育ては事務仕事と同じレベルではできないのです。

人生においては、だれであっても、ある程度、ハンディが伴《ともな》います。ハンディを何も背負わずに人生を生きていくことは不可能です。

山登りをするときには、荷物を何も持っていないほうが楽ですが、水筒《すいとう》もご飯も持たずに山登りをしたら、大変なことになるでしょう。リュックは重いのですが、頂上まで行きたければ、やはり、荷物を持っていかなければなりません。

要するに、重しのあるなかで人生修行《しゅぎょう》を積み、学びを得ていくことが大事なのです。

子育てに限らず、失敗の原因は第三者から見るとよくわかるものです。

子育てで失敗する場合、その原因のほとんどは、母親が、自分が犠牲になった部分のコンペンセーション（代償《だいしょう》）を子どもに要求しているか、夫に対する不平不満を子どもにぶつけているか、このどちらかです。そして、それが子どもの目には理不尽に見えるので、親子関係がうまくいかなくなったりするのです。

また、子どもが何人かいるときには、すべての子どもをバランスよく扱《あつか》わなくてはなりませんが、現代の女性の場合、それが下手であることもよくあります。しかし、すべての子どもをバランスよくじょうずに扱えないと、家庭内調和をつくれません。特に、一人っ子で育った人は、きょうだいの扱い方を子どもも時代に習っていないので、それがよくわからないのです。

これには、昔の長子《ちょうし》相続制が、いまでは壊《こわ》れてしまったことの影響も大きいかもしれません。

そもそも、母親は、一般《いっぱん》的に言って、自分に似ているタイプの子が好きであり、自分に似ていないタイプの子は嫌《きら》いであることが多いのです。

また、夫を嫌いな場合には、子どもたちのうち、夫に似ている子のほうを嫌いになり、自分に似ている子のほうを好きになるわけですが、これはフェア（公平）ではありません。子どもが夫と自分のどちらかに似ているのは、両者の子どもである以上、しかたのないことであり、子どもの責任ではないのです。

このように、子どもに対する見方が偏《かたよ》っている場合には、それを修正しなけ

郵便はがき

料金受取人払郵便

赤坂局承認

6386

差出有効期間
2026年10月
31日まで
（切手不要）

107-8790

112

東京都港区赤坂2丁目10—8
幸福の科学出版（株）
読者アンケート係 行

ご購読ありがとうございました。
お手数ですが、今回ご購読いただいた書籍名をご記入ください。

書籍名

| | | |
|---|---|---|
| フリガナ<br>お名前 | 男・女 | 歳 |
| ご住所 〒 都道府県 | | |
| お電話（ ）— | | |
| e-mail アドレス | | |
| 新刊案内等をお送りしてもよろしいですか？ ［ はい（DM・メール）・ いいえ ］ | | |
| ご職業 ①会社員 ②経営者・役員 ③自営業 ④公務員 ⑤教員・研究者 ⑥主婦 ⑦学生 ⑧パート・アルバイト ⑨定年退職 ⑩他（ ） | | |

# プレゼント＆読者アンケート

皆様のご感想をお待ちしております。本ハガキ、もしくは、右記の二次元コードよりお答えいただいた方に、抽選で幸福の科学出版の書籍・雑誌をプレゼント致します。

（発表は発送をもってかえさせていただきます。）

**1** 本書をどのようにお知りになりましたか？

**2** 本書をお読みになったご感想を、ご自由にお書きください。

**3** 今後読みたいテーマなどがありましたら、お書きください。

ご感想を匿名にて広告等に掲載させていただくことがございます。

ご記入いただきました個人情報については、同意なく他の目的で使用することはございません。


**ご協力ありがとうございました！**

ればなりません。

## 「かわいがり方」と「手の放し方」の加減がポイント

ただ、全体的な目で見たら、いまの日本にとっては、「いろいろな苦労をしながらも、女性たちが、子どもを産み、育ててくださっているのは、まことにありがたいことである」としか言いようがないのです。

このまま少子化が進むと、そのうち、子どもを数多く産んだ女性は国民栄誉《えいよ》賞をもらえるようになるかもしれませんが、「さまざまなハンディキャップがありながら、女性たちが子育てをしてくださっているのは、まことにありがたいことである」と私は思っています。

子育ての問題は、仏教では、なかなか解決できないものです。原始釈迦《しゃか》仏教の教えを忠実になぞれば、家族を捨てて一人で修行を始めることになりますが、それは現代には向いていません。「現代においては現代流のやり方をしなければならない」と私は考えているのです。

子育てに関しては、子どもに対する「かわいがり方」と「手の放し方」、すなわち、「子どもをどのようにかわいがるか」ということと、「どのように手を放していき、自立させていくか」ということ、この両者の加減がすべてではないかと私は思います。

子どもが小さいうちは、ある程度、かわいがってあげなければいけません。親の愛情をたっぷりかけることが必要です。

しかし、やがて子どもを自立させていくときには、「どのようにしてじょうずに手放していくか」ということが大事なポイントになります。

子どもを手放していくとき、親はさみしくなってくるので、子育てに代わって自分の生きがいになるようなものを何かつくっておくことが必要です。それは親自身の問題なのです。

## 子育てにも「粘《ねば》り」が肝心《かんじん》

子育てにおいては、「自分の職業的なマイナス面や夫に対する不満が、子どもに対する評価において、影となって表れていないかどうか」ということを、よく点検していただきたいと思います。

さらに、「子どもが百パーセント」という考え方は、やめたほうがよいのです。やはり、「子どもは、いつかは親元からいなくなるものだ」と考え、子どもがいなくなっても生きていけるようなものを何か持っておくことが大事です。

それが、子育てが終わったあとの人生の支えにもなるでしょう。

子育てには、いろいろと難しいことがありますが、がんばって粘《ねば》り抜《ぬ》くしかありません。子育てにおいても「粘り」が肝心《かんじん》だと思います。

私も、正直に述べると、子どもが五人もいて大変でした。「もう少し少なめにしておけば楽だったかな」と思うこともあります。しかし、「『それだけの重しをかけられても、仕事ができるかどうか』ということを試《ため》されているのだろう」と思って、私もがんばっているのです。

子育てには、よいことも悪いこともありますが、なるべく、よいことのほうに重点を置いて見ていくべきです。心の持ちようを変え、もう一段、心の運転技術を上げることが大事なのです。

# 育児に悩む母親へのアドバイス

「五歳までで親への恩返しは、
だいたい終わっている」と
割り切ったほうがよいでしょう。

自分が犠牲になった部分の代償を
子どもに要求していないか、
夫に対する不平不満を子どもにぶつけていないか、
よく点検してみましょう。

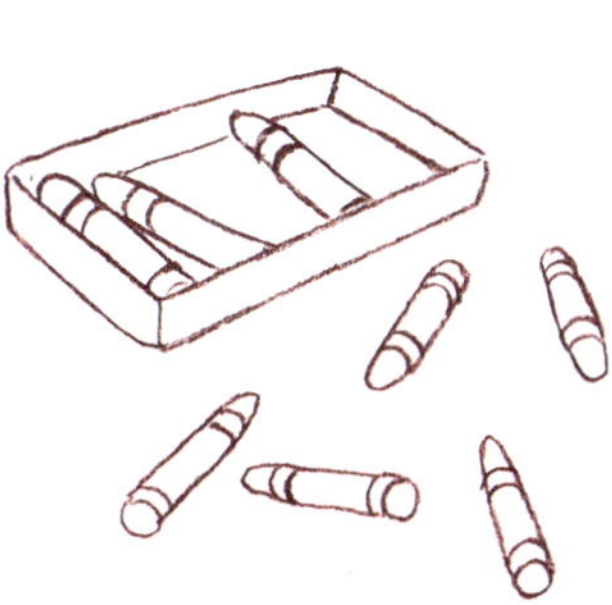

## Q6　体罰《たいばつ》の是非《ぜひ》と、文系・理系の適性の見分け方

「子どもが言うことをきかないときには体罰《たいばつ》も必要だ」と感じている人は多いと思いますが、体罰は必要なものなのでしょうか。もし必要なのであれば、体罰の中道は、どのあたりにあるのでしょうか。

また、大学に進学する際、大きくは文科系と理科系に分かれますが、「文系と理系のどちらに適性があるか」ということの見分け方を教えてください。

## その子の魂《たましい》が求める方向に、伸《の》び伸びと育ててあげよう

私は、基本的に、「親と子は、肉体的には遺伝子でつながっているが、それぞれの魂《たましい》は別である」と考えています。そして、「魂が別である以上、子どもは、親が思ったとおりには必ずしもならない。子どもの魂が素直《すなお》に伸《の》びていく方向、子どもの魂の要請《ようせい》する方向に伸ばしてやるのが最もよいだろう」と思っています。

私には五人の子どもがいますが、子育てについて私が特に何かを言っているかといえば、何も言わないのが常態になっています。「なるようになるだろう」というか、「花には、それぞれの持ち味があり、ヒマワリはヒマワリ、アサガオはアサガオというように、それぞれの花を咲《さ》かせるだろう」と考えているた

め、自分から無理に「このように育てたい」とは、あまり思わないのです。

「この子は、どういう個性を持っているか。この子の魂は何を求めているか。どのような傾向《けいこう》を持っているか」ということは観察していますが、基本的には、「その方向で伸びていけばよい」と思い、見守っているのです。

教育に関して、私は、どちらかというと、わりに自由主義者です。

実は、私自身も、そのように育てられてきました。親から怒《おこ》られたことは、ほとんどありません。それで、非行に走らず、犯罪も犯《おか》さず、まともな人生を生きてきているので、「子どもは、『怒られたらよくなる』ものでもなければ、『怒られなかったら悪くなる』ものでもない」と思っています。

要するに、「その子の魂が求める方向に、伸び伸びと育ててあげる」ということが最も大事ではないでしょうか。

## 体罰《たいばつ》を加えなくても済むように、しつけを行う

体罰《たいばつ》の是非《ぜひ》についてですが、体罰は完全な悪ではありません。必要なときには怒ってあげることも大事ですし、頭をコツンと軽く叩《たた》くぐらいのことが必要な場合もあるかもしれません。

ただ、行き過ぎない程度がよいでしょう。

あまりにも厳しくしすぎると、子どもは、潜在《せんざい》意識で、親に対する復讐心《ふくしゅうしん》のようなものを持ちつつも、それを抑圧《よくあつ》してしまうことがあります。その抑圧された感情が、伏流水《ふくりゅうすい》のように、ずっと残っていると、どこかの時点で、親への復讐というかたちで出てくる場合があるのです。これについては子ども自身も自覚していないことが多いものです。

幼い子が親から体罰を頻繁《ひんぱん》に加えられていると、その子は、「親にやり返したくても、やり返せない」という屈辱《くつじょく》感のようなものを味わっています。体が小さい子どもは、大人から体罰を加えられても、どうすることもできないため、「悔《くや》しい」という気持ちが水面下（潜在意識）に入っていくことがあるのです。これが、その子が十代後半で非行に走ったり、もう少し大きくなってから親不孝なことをしたりする原因になったりします。そういうことはよくあるのです。

体罰を加えたことが伏流水のように子どもの心に潜《もぐ》り、その子が大きくなってから、その反作用が出てくることがあるので、やはり、体罰は「ほどほど」でなければいけないでしょう。

ただ、しつけは大事です。できれば、体罰に走るのではなく、体罰を加えなくても済むように、しつけをしてあげるとよいのです。あらかじめ、「してもよいこと」と「してはいけないこと」を教え、その道に子どもを乗せてあげることが大事です。

しつけをきちんと行わずに、「失敗をしたら、体罰を加える」というような結果主義でいくと、子どもであっても心で反発します。「自由に行動しようとしたら、怒られた」ということばかりが続くと、子どものほうとしては、「どうすればよいか」がわからなくなるのです。

したがって、あらかじめ、「こういうことは、してもよい」「こういうことは、してはいけない」ということを教え、ある程度、方向づけをすることが必要です。

もっとも、子どもは一回聞いただけではわからないので、二回、三回とくり返し教えなくてはなりません。それでもわからないようであれば、たまには体罰的なことをする必要もあるでしょう。

## 親が、自分に向けるべき怒《いか》りを、子どもに向けていることも多い

実は、体罰は親の〝自己破壊《はかい》〟であることも多いのです。気をつけないと、本当は親が自分自身に対して向けるべき怒《いか》りを、子どもに向けていることがよくあります。「自分の思うとおりにならない」「自分は、こういう自己実現をしたいのに、それを実現できない」という、悔しさというか、悶々《もんもん》とした気持ちがあると、それが愛情の姿を借りて子どものほうに向かってしまうのです。

外側では愛情のかたちをとっているのですが、自分に対する、やるせなさや不満感のようなものが、子どもに対する体罰に変わっていることが多いわけです。

このように、自分では気がつかないうちに、自分をいじめる代わりに子ども

をいじめていることがあるので、気をつけなければいけません。

親は、子どもを叱《しか》ったり、子どもに体罰を与《あた》えたりしているときには、「本当は自分自身を罰したいのではないか」ということを、よく自己分析《ぶんせき》する必要があります。本当は自分に向かって言うべきことを、子どもに向かって言っていることもよくあるのです。

また、「なぜ、おまえは、そんなに勉強しないのか。なぜ宿題をしないのか」と言って、親が子どもの頭をコツンと叩いていても、親も子ども時代には勉強をまったくしていなかった場合があります。

子どもの出来が悪いときには、たいてい親の出来も悪いのです。そういう因《いん》果《が》関係があることをよく知っておく必要があります。それでも怒《おこ》りたくなるほど子どもが勉強しないときには、多少は言わなければいけないでしょうが、

「ある程度、親の責任もある」ということだけは知っておくことが必要なのです。

私自身は、自由に育てられたので、子育ての仕方についても、基本的には、自由な感じのものに近いと言えます。

## 「文科系に向く人」と「理科系に向く人」の違《ちが》いとは

次に、後半の質問に答えたいと思います。

文科系と理科系の違《ちが》いは何でしょうか。

文科系には、人間を〝いじる〟のが好きな人がよく行き、理科系には、人間ではないものをいじるのが好きな人がよく行きます。

別な言葉で言い換《か》えると、「人の上に立ちたい」という魂傾向を持っている人が文科系に行きたがり、「人の上に立ちたい」というより、「自分の才能を生かしたい」と思うタイプの人が理科系に行きやすいのです。

そのため、どちらかというと、理科系の人のほうが「人に使われるタイプ」になることが多いようです。要するに、「人に使われたとしても、専門職のほうが自分の魂を生かせる」と思えるような人が理科系によく行くのです。

一方、文科系に進みたがる魂は、ある程度、政治的なものや支配的なものを持っていることが多いようです。つまり、過去世《かこぜ》において人を使った経験の多い人が、文科系に行きたがるのです。

したがって、「自分の子どもは、文科系に行くべきか、理科系に行くべきか」ということで判断に迷うときには、「人の上に立ち、人を使うのが得意なタイプなのか。それとも、自分の研究や専門分野に打ち込《こ》んでいくのが得意なタイプなのか」という視点から子どもを見て、「この子にとって、どちらに進んだほうが、より幸福になるか」ということを考えればよいでしょう。

「この子は、人の上に立っていくほうが幸福になるタイプだな」と思えば、文科系に進めるのがよいでしょうし、「この子は、好きなことに、一生懸命《いっしょうけんめい》、打ち込んでいくタイプだな」と思えば、理科系に進めるのもよいでしょう。そういうことが言えます。

現状では半分ぐらいの人が理科系に行きますが、理科系には向いていない人が、そうとう理科系に行っています。幸福の科学の信者には理系の人も多いのですが、会社でコンピュータなどを扱《あつか》うことにストレスを感じ、当会で心の勉強をしている人も多いのです。

理科系に向いている人が人類全体に占《し》める割合から考えると、「全体の約五割が理科系に行く」という現状は、おかしいのです。少し多すぎます。実際には向いていない人が、そうとう理科系に入っています。

これが、新宗教の信者に理科系の人が多い原因でもあります。本来は理科系には向いていないため、ストレスが生まれ、それで宗教に道を求めてくるわけです。理科系の学問では心の問題をほとんど教えないので、そのへんで、寂《さび》しさや苦しさ、満たされないものを感じ、宗教に行く人が多いのです。当会にも、そういう人はわりに多いようです。

文科系と理科系の分かれ目は、以上のような点にあることが多いのですが、いずれにせよ、ある程度の才能を持っている人の話です。そうではない人は、どちらに行っても、どうということはありません。才能の傑出《けっしゅつ》している人の場合には、前述した基準で判断できますが、そうではない人の場合には、どちらに行っても大きな差はないのです。

## 体罰についての考え方

体罰は「ほどほど」にして、できれば、体罰を加えなくても済むように、しつけをしてあげましょう。

## 文系・理系の適性の見分け方

人の上に立ち、人を使うのが得意なタイプは、文系に向いています。一方、自分の研究や専門分野に打ち込んでいくのが得意なタイプは、理系に向いています。

## Q7　反抗期《はんこうき》をどう乗り越《こ》えるか

中高生を持つ家庭の悩《なや》みの一つに、反抗期《はんこうき》の問題がありますが、家庭のなかにおいて、子どもの反抗期の問題をどのように乗り越《こ》えていけばよいのでしょうか。また、子どもたち一人ひとりは、どのような心構えを持ち、思春期の反抗心を自制していけばよいのでしょうか。

## 親への反抗《はんこう》は「自立したい」という意思表示

反抗期《はんこうき》は、人生最初の関門かもしれません。体が親よりも大きくないうちは、親の言うことをきいていますが、親と同じぐらいか、親を追い抜《ぬ》き始めたあたりから、言うことをきかなくなってきます。

ただ、逆に反抗期がない子どもも困るらしいのです。反抗期がまったくないと、自立が非常に遅《おそ》くなり、三十歳《さい》を過ぎても親に依存《いぞん》するような子どもになってしまう場合もあるようです。

したがって、反抗期における親への反抗というのは、いちおう、「自立したい」という意思表示ではあるのです。

しかし、それが、親の考えよりもよい選択《せんたく》のほうに向かうかどうかは微妙《びみょう》なところであり、親の考えと子どもの考えの両方を突《つ》き合わせてみなければわからない面があります。

それから、子どものほうが、反抗期だということを自覚していない場合もあります。単に、「親が、いろいろなところへ一緒《いっしょ》についてくるのは嫌《いや》だ。人や友達に見られると恥《は》ずかしい」というぐらいにしか思っていないことがあるのです。

親からすると、子どもがいままでとは違《ちが》ってきたように思うでしょうが、そのときに親として大事なことは、『子どもは自分の所有物だ』というような考え方は、しだいに捨てていかなければならない」ということです。やはり、「将来的には、自立していくのが本来の道なのだ」と考えて、タイミングを逃《のが》さずに、少しずつ少しずつ、じょうずに手放していくことが大事だと思います。

## 「親も完全な人間ではない」という大人の目を持つ

また、子どもは、親に反抗しているように見えながら、親を、ボクシングのスパーリングの相手のように思っているところもあります。親に反抗しつつも、その一方で、親に対し、「ものすごく強くあってほしい」という気持ちもあるのです。「いくら攻撃《こうげき》し、意見を言っても、親は自分よりずっと強くて何もこたえず、自分の練習相手になってくれている」というぐらいに思っていることがあるわけです。

しかし、最近は、親のほうも、けっこうナイーブな人が増えていて、グサグサと心にこたえていることもあるのです。

完璧《かんぺき》な親などはいないので、子どもから攻撃される材料は、どの親もみな持っています。そのため、だいたい中学生ぐらいになれば、親の弱点や欠点を責めることができます。子どもには、「親は、スパーリングでいくらパンチを打っても平気な相手だ」と思って甘《あま》えている面があるのですが、「親も完全な人間でないのだ」ということを、年齢《ねんれい》相応に悟《さと》っていかなければなりません。

つまり、親も完全ではなく、この世的に見て優《すぐ》れた面とそうでない面があるということです。親が偉《えら》そうに言ったり、威圧《いあつ》的な言い方をしたりするため、ただただ反発したくなるのでしょうが、それは、子どもが世間や会社のことを知らないからです。

実際は、親のほうも、会社の出世競争等に敗れて傷ついているために、家で威張って歩いたり、偉そうに言ったり、自慢《じまん》話をしたりしているのですが、そのことを、まだわかっていないところがあるわけです。

しだいに、それが、「大人の目」になってくると、例えば、「うちの親父《おやじ》は、出世が遅れているので、家族に当たってストレスを抜いているのだな」などということがわかってくるようになります。そのように、見る目が複眼的になってくるのです。

いずれの場合も、やはり、子ども自身の人間としての成長にかかっていると思います。

特に、中学生や高校生に言っておきたいのは、「物事を一面的に見るのではなく、立場を変えて、いろいろな立場で見てみる練習をしよう」ということです。

いずれは親のもとを去り、自立しなければいけないのであり、「親に反抗していられる」ということは、「まだ親に甘えていられる」ということを意味するのです。そのことを言っておきたいと思います。

## 親は「グッドルーザー」になろう

それから、親は、グッドルーザー（潔《いさぎよ》く負けを認める人）でなければいけません。つまり、適当に子どもに負けていってやらなければいけないのです。

心理学的には、「『何もかも、すべての面で、親のほうが子どもよりも上でなければいけない』というような、非常に抑圧《よくあつ》的な親になってしまうと、子どものほうに必ずいびつなものが生じてきて、反社会的な行動をとったりするようになる」と言われています。したがって、すべての面で子どもを押《お》さえつけるのはよくないのです。

例えば、孫子《そんし》の兵法には、「四方を囲んではいけない」というものがあります。城の四方を囲んでしまうと、敵には逃《に》げ道がなくなり、必死になって戦うため、味方にも大きな被害《ひがい》が出ます。そこで、三方を囲んで、一箇所《いっかしょ》だけは逃げ道として空《あ》けておくわけです。そうすると、攻《せ》められたときに、必ず空いているところから逃げ出すので、少ない被害で城を取れてしまうことがあるのです。

兵法でも、そのようなことが言われているので、親は、ある程度、子どもを抑圧する存在であるとしても、どこか一箇所は逃げ場を空けておいてあげたほうがよいと思います。

子どもを批判しても結構ですが、ただ、「おまえには、親が持っていない、こういう優れた面がある」というところを一つ認めてあげると、そこが、その子の逃げ場になり、子どもを完全に潰《つぶ》してしまわずに済むだろうと思います。

また、子どもが言ってくる意見でも、ある程度、参考になるところや聴《き》いてやるべきところを聴いてやると、一回り大きく成長してくることがあります。中学生でも高校生でも、親が、「勉強になったよ」「それはいい意見だ」などと言って認めてやると、「自分の意見を聴いてくれた」と思って一回り大きく成長し、また折々に意見を言ってくるようになるのです。

そのへんは親子の力比べではあるのですが、最初の関門の一つでしょう。子どもにとって、親は最初の〝スパーリング相手〟でしょうし、みな、「親を乗り越《こ》えなければいけない」という使命感のようなものを持っているところがあります。

したがって、親としては、四方を全部囲んで威圧するようなことをしてはいけませんし、子どもとしては、親を全否定してもいけないのです。

## 自分の失敗を隠《かく》して、子どもに考えを押《お》しつけていないか

親も、本当は人生の辛酸《しんさん》をいろいろ嘗《な》めて現在に至っており、それが子どもの教育に反映していることがあります。そのため、子どもがあまり素直《すなお》すぎると、それをまともに受け取ってしまうのですが、本当は、親の本心ではない場合もあるのです。

つまり、親は、一種の「ガス抜き」として子どもに言っている場合があるのですが、親に対する〝信仰心〟が強すぎて、親の言うことをまともに全部信じてしまうと、そこから抜け出すのにかなり時間がかかることがあります。自分が結婚《けっこん》してからわかったり、あるいは、自分にも子どもができて親と同じ年齢ぐらいになってから、やっとわかったりすることもあるので、気をつけなければ

ばいけません。

個人的な例を挙げると、私の父親は、私のことを子どものころからずっとほめてくれていたのですが、私が東大に入ってから、やたらと、「おまえは頭が悪い」と言い出すようになりました。「おまえは頭が悪い。なぜなら、おまえは、わしとお母さんの子であり、両親を足して二で割った頭だからだ。わしのほうがお母さんよりはずっと頭がいいけれども、お母さんは頭が悪いので、そのあいだに生まれてきたおまえの頭は、わしよりも絶対に悪いのだ」と言うわけです。

私はそれを素直に聴いて、「やはり自分は頭が悪いのだな」と思っていたのですが、社会に出て先輩《せんぱい》に話を聴いてから考えが変わったことを覚えています。

例えば、私がアメリカに行っていたとき、四国の両親から、ときどき手紙や小包などが私に送られてきていたのですが、何年か上の先輩がそれを見て、「おまえなあ、田舎《いなか》の親は、ニューヨーク宛《あ》てに手紙を出すのは大変なんだよ。それがわからないのか」と私に言ったのです。

その当時、私は、IBMの電動タイプライターで封書《ふうしょ》の宛名《あてな》などを打っていたのですが、その先輩から、「日本の両親に手紙を出すときに、自分の宛名を英語で打った封筒《ふうとう》をなかに入れておき、中身さえ書けばよいようにして送るんだよ。そのくらいの配慮《はいりょ》をしないでどうするか」と言われました。

私は、「なるほど。確かに、地元の川島郵便局からニューヨークに送るのは大変だろうな」と思いました。郵便局員に宛名の書き方を訊《き》いても、おそらくはわからず、「どうやって書けばいいんだろう」などと言うでしょう。

また、学生時代までは、父親から、女性に関して非常に厳しいしつけをされました。例えば、女性から電話が一本かかってきても怒《おこ》られましたし、テレビを見ていてキスシーンなどが出てきそうになったら、すぐにスイッチを消されました。女性から手紙が来たりしたら、もう大変でした。

そのような、ものすごい〝滅菌《めっきん》状態〟で管理されていたのですが、そのことを六年上の先輩に話したら、「君、それはね、お父さんは若いころに女性で失敗したんだよ」と言われたのです。

それで、日本に帰ってきてから、「六年上の先輩が、『君のお父さんが、君に女の子から電話や手紙が来ると怒ったり、テレビで恋愛《れんあい》シーンが出てきたらスイッチを消したりするのは、若いころに女性で失敗したからだ』と言っていたけれども、本当なの？」と父親に訊いたら、急に顔色が変わり、真っ青になりました。図星だったわけです。

親の言うことをまともに聴いていた私は、愚《おろ》かでした。その先輩は、「そういう父親は、若いころに女性で失敗している」ということがわかったらしいのです。「絶対に間違いない」と断定していましたが、父親に言ったらものすごく動揺《どうよう》したので、実際にそのとおりでした。

そのように、親というのは、必ずしも正直ではなく、自分の失敗の部分を隠《かく》して、「こうせよ」と子どもに押《お》しつける面もあるのです。これには、どちらがよくて、どちらが悪いとも言えないところがあります。

## じょうずに負けつつ、「レトロのよさ」も確保する

また、私に子どもが生まれたあと、両親を家に呼んだことがあるのですが、父親が私の書棚《しょだな》の本を見て、「書棚に本がだいぶ並んでいるね」と言いながら、

私がどんな本を買って読んでいるかを確認していました。すると、母親が父親の腕《うで》を引っ張り、「あなたが見てもしかたがないでしょう。東大を出た息子《むすこ》と競争してはいけません。まねをしようとしても無駄《むだ》だから、やめなさい」と言ったのです。「無駄な戦いだから、息子と競争してはいけない」と言って、腕を引っ張り、本棚を見せないようにしていました。

このへんは、ある程度、訳知りです。つまり、父親というのは、「自分のほうが偉い」というところを子どもに見せつけたいものなのです。

しかし、それは、どうしても無理です。そもそも、勉強の仕方が親の時代とは違うので、親子の立場が引っくり返ってくるからです。

したがって、くり返しますが、親というのは、グッドルーザーになり、よく負けてやらなければいけません。たとえ学歴が親より劣《おと》っていたとしても、時代が変わると、やはり何らかの面では進んでいるところがあるわけです。

例えば、いろいろな機械類等については、当然、いまの子どものほうがよく知っています。私には、毎年のように携帯《けいたい》電話の買い替《か》えを要求する子どもなど、理解不能です。私は、居間に電話が一本しかなく、友達から電話がかかってくると、「まずい！ 親に聞かれてしまう」と思うような時代に育っているので、各人が携帯電話を持っており、友達が新しい機種を買うと、「自分も買いたい」などという世代は、理解不能なのです。

以前、大晦日《おおみそか》にテレビで「紅白歌合戦」を見ていたときに、娘《むすめ》が二人とも携帯をいじっているので、何をしているのかと思ったら、年賀状のメールを打っていたのです。「いまは、こんな年末風景になっているのか」と、少し不思議な感じがしました。

私は娘たちに、「まさか、学校の先生にまでメールで年賀状を打ったりしないよね。きちんと、はがきで年賀状を出しているだろうね」と言ったのですが、「いや、先生にもメールで送っているよ。先生も忙《いそが》しくてギリギリにメールで送ってくるから、私もメールで返すの」などと言っていました。

それで、私は、「もう、そんな時代になっているのか。先生には、当然、遅れないように年賀はがきを出しているものだと思ったよ」と話したのです。

そのように、時代は変わっていて、昔より進んでいる面もあるため、何もかもを否定してはいけないとは思います。

ただ、少しずつじょうずに負けていってあげることも大事ですが、「古い分だけ偉い面もある」というレトロのよさも少しだけ確保し、自我を守ることも親にとっては大事でしょう。そのへんの兼《か》ね合いは簡単ではないので、よく考えてみてください。

## あえて「ちょい悪《わる》おやじ」を演じることも必要

最終的には、ある程度、子どもを自立させていったほうが、親子関係も良好になる面が多いと言えます。離《はな》れすぎてもいけませんが、近すぎてもいけないので、適度な距離《きょり》の取り方が大事です。

特に、異性との関係で結婚などを意識し始めると、やはりプライバシーを欲《ほっ》してきますし、「親に情報を知られたくない」と思うようになってくるところがあるので、親には、知っていても知らないふりをする技術も必要です。

また、あえて、「ちょい悪《わる》おやじ」を演じなければいけない面もあります。

あまり道徳的になりすぎず、「おれの若いころは、もっと激しくアタックしたものだよ」などと平気で言うぐらいの、「ちょい悪おやじ」の面も持っていなければいけないかもしれません。

ともあれ、親子の問題は永遠のテーマであり、年を取った人は、若い人になかなか満足がいかないものです。大昔から、碑文《ひぶん》などには年寄りの若者に対する悪口が書いてあったりします。古代エジプトの遺跡《いせき》にも、そういうものがあると言われているので、昔もいまも変わらないということです。

そのあたりの関係をよく理解するようにしてください。

したがって、子どもに対しては、「おまえも親の立場になったら、このようになるんだよ」ということを少し話してあげることが大事です。

どのような道であっても、子どもが自分なりに生きていく道をつくれたならば、親は最終的に納得《なっとく》してくれるものです。

子どもとしては、やはり、「ある程度、経済力をつけなければ、完全な自由は得られない」ということを知らなければいけないでしょう。

## 子どもの反抗期を乗り越えるための心構え

「子どもは、将来的には、自立していくのが本来の道なのだ」と考え、少しずつ、じょうずに手放していくことが大事です。

子どもをすべての面で押さえつけるのではなく、適当に子どもに負けてあげましょう。

## Q8　仕事を持つ母親の「子育ての心構え」

長引く不況《ふきょう》の影響《えいきょう》で、いままで専業主婦として子育てをしてきた母親も、どうしても働きに出なければいけないようなケースが増えています。

そこで、本当は子どものそばにいてやりたいのに、なかなかそれができない母親への「子育ての心構え」について教えてください。

## 人間の能力には限りがある

それは難しい問題です。人間の能力には限りがあるので、「一人で二役はできない」というのが基本です。

毎日、仕事でへとへとになっていたら、子育ても家事も、それほどできるわけはなく、必ずどこかにしわ寄せが来ます。

そのため、家事について、お母さんがする仕事と、お父さんがする仕事と、子どもがする仕事というように、家族で少しずつ分担するかたちに必ずなりますが、やはり家庭内に不満がたまってくるので難しいのです。

ただ、専業主婦をやめて働きに出なければいけない場合でも、アルバイト的な仕事をするのか、カチッとした仕事をするのかによって違《ちが》いはあると思います。

ただ、統計的に見て、女性がカチッとした仕事を続けなければいけなくなると、社会がアメリカ化してくるのはしかたがないでしょう。

「アメリカ化」とは、「離婚《りこん》率が五割を超《こ》えてくる」ということと、「子連れ再婚が増えてくる」ということです。女性がきっちりとした逃《に》げられない仕事を持つと、流れとしては、どうしても、「男女とも子連れで再婚する」というかたちになっていきます。これは、しかたがありません。

二倍も働ける人はいないので、家事と両立させようとすると、どうしてもストレスや不満がたまり、家族がお互《たが》いに信じられなくなってきます。やはり、「人間の能力には限りがあるのだ」ということを知っていなければいけません。

## 「子どもを取るか、職業を取るか」の踏《ふ》み絵が来る

子育てに関しては、最後は女性の側に、「子どもを取るか、自分の職業を取るか」という踏《ふ》み絵が来ます。

子どもは、男親のほうが仕事に生きていても、そのことをあまり責めません。「休みの日ぐらいは子どもにサービスをしてほしい」という気持ちはあるでしょうが、父親が仕事をしていることについては、教わらなくても、本能的にそれほど責めないのです。

ところが、母親に対しては、「母親が家におらず、子どもの面倒《めんどう》を見ない」ということについて、教わらなくても本能的に責めるのです。これは、そういうものだと思わなければなりません。

したがって、最後は、「職業のほうでのキャリアを取るか、子どものほうを取るか」という選択肢《せんたくし》が出てきます。

日本の社会は、まだ、女性がバリバリのキャリアで生きていけるほど開かれてはいないので不満もあるでしょうが、これには、よし悪しの両面があります。バリバリのキャリアになると、今度は、子育てのほうが厳しくなってくるのは事実です。

子どもは、そういう母親を必ず責めますし、それが、一般《いっぱん》的に、非行や不良化の原因、あるいは温床《おんしょう》になります。偉《えら》い母親を持った子どもというのは、けっこう大変なのです。

偉い父親を持った子どもというのは何割かはいますが、偉い母親というのはパーセンテージが低いものです。

例えば、「母親が会社で部長や取締役《とりしまりやく》をしている」「母親が弁護士として活躍《かつやく》している」「母親が裁判官をしている」「母親が女医をしている」など、いろいろな場合がありますが、その子どもはけっこう難しいのです。どのケースを見ても、親のレベルまで行けない子どもがほとんどだからです。基本的に、「親は成功したけれども、子どもは親の成功までは行けない」というのが実情のようです。

また、母親が偉い場合、残念ながら、成長期に必要なだけの愛情や気配りなど、メンタルな栄養素が足りなくなるのでしょう。そのため、若干《じゃっかん》、ひねくれたり、「あのようにはなりたくない」と思ったりして、親と同じような職業には就《つ》かないタイプの人間になることが多いのです。

そのように、不本意なことではありますが、母親の自己実現と、子どもが成功して偉くなるかどうかは、ぶつかる傾向《けいこう》があるわけです。

もちろん、母親である奥《おく》さんの自己実現と、ご主人の自己実現とがぶつかることもよくあります。双方《そうほう》がそれぞれ、非常に脚光《きゃっこう》を浴びるような仕事をしていると、それなりに合わなくなることは多いのです。

## 「どうしても仕事をする必要があるのか」を見きわめる

母親が仕事をすることに対しては、子どもが本能的に許さない部分がどうしてもあるので、「自分の欲で仕事をしているのか、そうではないのか」という見きわめは要《い》ります。「本当は、やる必要のない仕事をしているのか、どうしても必要があってしているのか」ということを、子どもの感情とも対話をしながら見きわめる必要があるのです。

母親のなかには、子どもが塾《じゅく》などに行く費用を稼《かせ》ぐために働いている人もいます。子どもを塾に行かせるには、下手をすると年間百万円も二百万円も費用がかかります。あるいは、家庭教師をつけたり、私立学校に行かせたりするために、少し働きたいという母親もいます。

ところが、私立学校では、逆に、母親が働いている子どもを非常に嫌《きら》います。私立学校の面接試験では、基本的に、専業主婦の家庭の子どもを選ぶ傾向があるのです。

なぜなら、母親が働いている家庭の子どもは、ほかの子との競争に勝てないからです。家庭において、メンタルの面でいろいろな世話をされていないので、競争すると、だめになってしまうことが多いのです。

そのため、一般に、私立の女子校などは、専業主婦の子どもを入れたがります。「母親が働いている子どもは、性格が少しいびつになっていて、うまくいかない」という言い方をよくしています。実は、そのような選択がなされているのです。

子どもを塾にやったり、いい学校にやったりするために、母親が働いてお金を稼ぐと、逆に、希望する学校から、「そういうお母さんではないほうがよい」と言われてしまうのは苦しいことです。ただ、全体に少し無理をしているのかもしれません。

前述したような教育投資の結果、例えば、医学部に入り、女医になった女性にとって、こういうキャリアはなかなか捨てにくいものです。そうなると、家庭的な部分に関しては、親の手伝いを受けられるか、あるいは、お手伝いの人を雇《やと》えるだけの収入があるかということが枢要《すうよう》な考え方になるわけですが、一般的には、子どもにとって非常に厳しいと言えます。

したがって、「非常な才能があって、それを生かさなければ世の中の損になる」という女性であれば、仕事をしたほうがよいでしょうが、その場合、子どもに関しては、あまり多くを期待しないほうがよいかもしれません。実際、結婚して子どもをつくらない人もいますし、産んでも一人ぐらいにする人もいます。

やはり、「キャリアのほうでバリバリ出世を目指しながら、子どもも偉くしたい」というのは無理でしょうし、「子どもをたくさん育てたい」というのも、ちょっと無理でしょう。

親が手伝ってくれる場合や、経済的に非常に余力があり、他の人の手伝いを受けられるような場合には、両立できる可能性があります。しかし、一般的には、子どもが母親を許さないので、母親が自分の成功のほうを目指した場合には、残念ながら、親に似ない子どもになることが多いのです。そういうことを理解しておいたほうがよいでしょう。

## 「足ることを知る」がキーワード

この問題を解決するためのキーワードは、「足ることを知る」ということです。人間には何倍もの能力はないので、「何を取るか」が大切であり、その結果、「あきらめなければいけないもの」が必ず出てくるのです。

「自分としては、子どもがうまくいくことが幸福だ」と思うならば、自分のキャリアのほうは少し抑《おさ》えなければいけないでしょうし、生活に無理がかかっているのであれば、子どもの教育についても、ほどほどのところで撤退《てったい》しなければいけないかもしれません。

子育ては、それほど甘《あま》くはないのです。とても難しく、とにかく手がかかります。少子化の原因の一つは、やはり、子どもに手がかかることにあります。昔と違って生活のレベルが上がり、文化のレベルが上がっている分、ものすごく知識集約型になっていて手がかかるのです。

そのあたりのトータルの戦力を見誤った場合には、全部がだめになるか、どこかで非常に大きな挫折《ざせつ》が生まれることになるだろうと思います。

とにかく、キーワードは「足ることを知る」ということです。何もかもを、いっぱいいっぱいにはできないので、何かをあきらめなければいけませんし、もし、そうしない場合には、全体的に、ほどほどのところで満足しなければいけません。

無理をしていると思うのであれば、ほどほどのところで手を打たなければいけないのです。そういうことを考えたほうがよいと思います。

## 仕事を持つ母親の「子育ての心構え」

キーワードは「足ることを知る」ということです。

何かを取るには、何かをあきらめることが大切です。
もし、それができない場合には、
仕事も子育ても、ほどほどのところで
満足する必要があります。

## あとがき

父が東大法学部卒、母が東大文学部卒ということが、五人の天才児たちにも、過剰《かじょう》な期待と負担《ふたん》になり、うちの子どもたちもプレッシャーで苦しんだようだ。両親ともに田舎《いなか》育ちの秀才で、劣等感に悩み、都会の社会常識に欠けていて、試行錯誤《しこうさくご》を重ねていたことがわかるのには、もう少し時間がかかるだろう。さらに、自分も子育てをしてみなくては、過剰な期待をした両親を許す気持ちにはとうていなれないだろう。

「家貧《いえまず》しゅうして孝子出《こうしい》ず」ともいうが、何か欠けているものがあって、人は救われもし、発奮《はっぷん》もする。子育てにおいても、成功と失敗は「あざなえる縄《なわ》の如《ごと》し」といえよう。

今、大学四年生の長男から、中学二年生の次女まで、五人とも、私の仕事を手伝ってくれている。有難《ありがた》いことだ。

このつたない本が、読者の皆さんの子育ての悩みを解決する、何らかのお手《て》伝《つだ》いとなれば幸いである。

二〇一一年　十二月

幸福《こうふく》の科学《かがく》グループ創始者兼総裁《そうししゃけんそうさい》　大川隆法《おおかわりゅうほう》

本書は左記の法話や質疑応答をとりまとめ、加筆したものです。

第1章　じょうずな個性の伸ばし方

二〇一一年九月二十五日説法
東京都・戸越精舎

第2章　子育てのアドバイス〔Q&A〕

1　子どもの魂を正しく見るには

二〇〇七年十一月三日説法
東京都・武蔵野支部精舎

2　霊的観点から見た「胎教のあり方」

一九八九年三月十九日説法
福岡県・九州厚生年金会館

3　ADHDなどに関する考え方

二〇〇六年十二月二日説法
東京都・新宿精舎

4　障害を持って生まれることのスピリチュアルな背景

二〇〇七年六月二十六日説法
広島県・広島支部精舎

5　育児に悩む母親へのアドバイス

二〇一〇年九月五日説法
東京都・東京正心館

6　体罰の是非と、文系・理系の適性の見分け方

一九九二年二月二十三日説法
岡山県・コンベックス岡山

7　反抗期をどう乗り越えるか

二〇一一年一月四日説法
東京都・総合本部

8　仕事を持つ母親の「子育ての心構え」

二〇〇二年十月二日説法
東京都・総合本部

## 大川隆法著作参考文献

『じょうずな個性の伸ばし方』

『教育の法』（幸福の科学出版刊）

『真のエリートを目指して』（同右）

お母さんの子育てバイブル

じょうずな個性《こせい》の《の》伸ばし方《かた》

2012年1月7日　初版第1刷

著　者　　大《おお》川《かわ》隆《りゅう》法《ほう》

発行所　幸福の科学出版株式会社

〒142-0041　東京都品川区戸越1丁目6番7号

TEL (03) 6384-3777

http://www.irhpress.co.jp/

印刷・製本　株式会社 堀内印刷所

落丁・乱丁本はおとりかえいたします

ISBN978-4-86395-162-4 C0037

## 大川隆法ベストセラーズ

### 理想の教育を求めて

**真のエリートを目指して**
努力に勝《まさ》る天才なし

「学力を伸ばすコツ」「勉強と運動を両立させる秘訣」など、未来を拓く心構えや勉強法が満載。幸福の科学学園での説法集。

1,400円

---

公開対談
**幸福の科学の未来を考える**
すべては愛からはじまる
大川隆法/大川宏洋 著

幸福の科学の未来について、父と息子が本音で語り合った公開対談。実体験を交えた学校教育の問題点なども明かされる。

1,300円

---

父と娘のハッピー対談
**未来をひらく教育論**
大川隆法/大川咲也加 著

時代が求める国際感覚や実践的勉強法など、教養きらめく対話がはずむ。世代を超えて語り合う、教育の正しいあり方。

1,200円

幸福の科学出版

# 大川隆法ベストセラーズ

## 家庭の悩みを解決する

### 幸福のつかみ方

**女性のための幸福論**

恋愛、結婚、仕事、教育など、現代の女性が抱えるさまざまな悩みに的確に答え、幸福への指針を提示した質疑応答集。

971円

### 幸福へのヒント

**光り輝く家庭をつくるには**

家庭の幸福にかかわる具体的なテーマについて、人生の指針を明快に示した、珠玉の質疑応答集。著者、自選、自薦、自信の一書。

1,500円

### 限りなく優しくあれ

**愛の大河の中で**

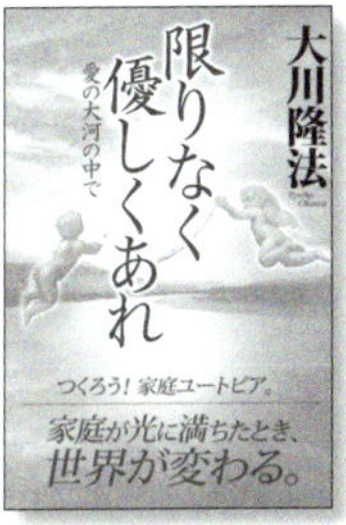


愛こそが、幸福の卵である。霊的視点から見た、男女の結婚、家庭のあり方や、愛の具体化の方法が、日常生活に即して語られた書。

1,500円

子どもを天使に育てよう

# エンゼルプランV

エンゼルプランVでは、信仰に基づいて、幼児の心を豊かに育む情操教育を行っています。また、知育や創造活動を通して、ひとりひとりの子どもの個性を大切に伸ばします。

戸越教室（戸越精舎内）

## 仏法真理を楽しく学ぶ

パペット人形劇やアニメーションで、幼児にも楽しくわかりやすく真理が学べます。

## わくわく知育

世界の知育教具を使い、ドキドキワクワクを体験しながら楽しく知性を伸ばします。

## 創造性を育てる

「4千個の積木で巨大ドーム作り」「おもしろ工作」「リトミック」など、さまざまな活動を通して創造性を豊かに育てます。

八王子教室（八王子支部精舎内）

戸越精舎

**お問い合わせは、エンゼルプランV 戸越教室まで**

TEL 03-5750-0757
メール angel-plan-v@kofuku-no-kagaku.or.jp
住所 〒142-0051 東京都品川区平塚2-3-8

仏法真理塾

# サクセスNo.1

未来の菩薩を育て、仏国土ユートピアを目指す！

「サクセスNo.1」のねらいには、「仏法真理と子どもの教育面での成長とを一体化させる」ということが根本にあるのです。

大川隆法総裁 御法話「『サクセスNo.1』の精神」より

## 仏法真理塾「サクセスNo.1」とは

宗教法人幸福の科学による信仰教育の機関です。信仰教育・徳育にウエイトを置きつつ、将来、社会人として活躍するための学力養成にも力を注いでいます。

### 信仰教育が育む健全な心

御法話拝聴や祈願、子ども向け冊子の学習会などを通して、仏の子としての「正しい心」を学びます。

### 学業修行で学力を伸ばす

忍耐力や集中力、克己心を磨き、努力によって道を拓く喜びを体得します。

### 法友との交流で友情を築く

塾生同士の交流も活発です。お互いに信仰の価値観を共有するなかで、深い友情が育まれます。

**全国支部校のお問い合わせは、**
**サクセスNo.1 東京本校（TEL. 03-5750-0747）まで。**

メール info@success.irh.jp

住所 〒142-0051 東京都品川区平塚2-3-8

## ネバー・マインド

不登校の子どもたちを支援するスクール。

子どもたちの個性・価値観・自主性を尊重しながら、信仰教育、学習支援、友人づくり、体力づくりを行っています。再登校の実績も高く、小中学校の出席扱いとなるケースも多くあります。

TEL 03-3787-6187　メール nevermind@kofuku-no-kagaku.or.jp

住所 〒141-0041 東京都品川区戸越1-8-2

Noblesse《ノーブレス》 Oblige《オブリージ》

「高貴なる義務」を果たす、
「真のエリート」を目指せ。

# 幸福の科学学園

## 中学校・高等学校（那須本校）

Happy Science Academy Junior and Senior High School

私は、
教育が人間を創ると
信じている一人である。
若い人たちに、
夢とロマンと、精進、
勇気の大切さを伝えたい。
この国を、全世界を、
ユートピアに変えていく力を
出してもらいたいのだ。
（幸福の科学学園 創立記念碑より）

幸福の科学学園 創立者
大川隆法

## 幸福の科学学園とは

幸福の科学学園は、幸福の科学の教育理念のもとにつくられた、全寮制の中学校・高等学校（那須本校）です。自由闊達な校風のもと、「高度な知性」と「徳育」を融合させ、社会に貢献するリーダーを養成することを目指しています。2011年4月に、開校一周年を迎えました。

# 教育の特色

## 「徳ある英才」の創造

教科「宗教」で真理を学び、行事や部活動、寮を含めた学校生活全体で実修して、ノーブレス・オブリージ（高貴なる義務）を果たす「徳ある英才」を育てていきます。

毎朝夕のお祈りの時間

## 天分を伸ばす「創造性教育」

教科「探究創造」で、偉人学習に力を入れると共に、日本文化や国際コミュニケーションなどの教養教育を施すことで、各自が自分の使命・理想像を発見できるよう導きます。さらに高大連携教育で、知識のみならず、知識の応用能力も磨き、企業家精神も養成します。芸術面にも力を入れます。

探究創造科発表会

## 一人ひとりの進度に合わせた「きめ細やかな進学指導」

熱意溢れる上質の授業をベースに、一人ひとりの強みと弱みを分析して対策を立てます。強みを伸ばす「特別講習」や、弱点を分かるところまでさかのぼって克服する「補講」や「個別指導」で、第一志望に合格する進学指導を実現します。

授業の様子

## 自立心と友情を育てる「全寮制」

寮は、真なる自立を促し、信じ合える仲間をつくる場です。親元を離れ、団体生活を送ることで、縦・横の関係を学び、力強い自立心と友情、社会性を養います。

体育祭

# 進学指導

## 1 英数先行型授業

受験に大切な英語と数学を特に重視。「わかる」(解法理解)まで教え、「できる」(解法応用)、「点がとれる」(スピード訓練)まで繰り返し演習しながら、高校三年間の内容を高校二年までにマスター。高校二年からの文理別科目も余裕で仕上げられる効率的学習設計です。

## 2 習熟度別授業

英語・数学は、中学一年から習熟度別クラス編成による授業を実施。生徒のレベルに応じてきめ細やかに指導します。各教科ごとに作成された学習計画と、合格までのロードマップに基づいて、大学受験に向けた学力強化を図ります。

## 3 基礎力強化の補講と個別指導

基礎レベルの強化が必要な生徒には、放課後や夕食後の時間に、英数中心の補講を実施。特に数学においては、授業の中で行われる確認テストで合格に満たない場合は、できるまで徹底した補講を行います。さらに、カフェテリアなどでの質疑対応の形で個別指導も行います。

## 4 特別講習

夏期・冬期の休業中には、中学一年から高校二年まで、特別講習を実施。中学生は国・数・英の三教科を中心に、高校一年からは五教科でそれぞれ実力別に分けた講座を開講し、実力養成を図ります。高校二年からは、春期講習会も実施し、大学受験に向けて、より強化します。

授業の様子

2013年 春 開校予定

# 幸福の科学学園
# 関西中学校・高等学校

（仮称）設置認可申請中

滋賀県大津市、美しい琵琶湖の西岸に建設を予定している幸福の科学学園関西校。関西校は、発展・繁栄を校風とし、学力と企業家精神、徳力を備えた、未来の世界に責任を持つ人材教育に励みます。

校舎

関西校は、男女共学、寮制（※一部通学生を想定）で、宗教教育や企業家教育を通して、「世界のリーダー」を輩出することを目指しています。

中庭

## 1 徳力ある人材を育てます

宗教教育によって、神仏を尊ぶ心を培い、善悪の価値判断のできる人材、感謝報恩の心を持った、高貴なる義務を果たす人材を育てます。

## 2 高い学力のある人材を育てます

将来の仕事能力の基礎となる学力を徹底的に鍛え、自らの人生を切り拓き、日本と世界の発展に貢献できる人材を育てます。

## 3 創造力のある人材を育てます

いかなる時も、「できない理由」を考えるのではなく、「どうしたらできるのか」を考えて道を切り拓き、世の中に新しい価値を生み出せる人材を育てます。

完成イメージ
（滋賀県大津市仰木の里東2-16他）

# 入会のご案内

## あなたも、幸福の科学に集い、
## ほんとうの幸福を
## 見つけてみませんか？

幸福の科学では、大川隆法総裁が説く仏法真理をもとに、「どうすれば幸福になれるのか、また、他の人を幸福にできるのか」を学び、実践しています。

### 入会

大川隆法総裁の教えを学ぼうとする方なら、どなたでも入会できます。入会された方には、『入会版「正心法語」』が授与されます。（入会の奉納は1,000円目安です）

**ネット**でも**入会**できます。詳しくは、下記URLへ。
**http://www.hs-group.org/**

### 三帰誓願《さんきせいがん》

仏弟子としてさらに信仰を深めたい方は、仏・法・僧の三宝への帰依を誓う「三帰誓願式」を受けることができます。三帰誓願者には、『仏説・正心法語』『祈願文①』『祈願文②』『エル・カンターレへの祈り』が授与されます。

### 植福《しょくふく》の会

植福は、ユートピア建設のために、自分の富を差し出す尊い布施の行為です。布施の機会として、毎月1口1,000円からお申込みいただける、「植福の会」がございます。

「植福の会」に参加された方のうちご希望の方には、幸福の科学の小冊子（毎月1回）をお送りいたします。詳しくは、下記の電話番号までお問合せください。

月刊「幸福の科学」

ザ・伝道

ヤング・ブッダ

ヘルメス・エンゼルズ

INFORMATION
幸福の科学サービスセンター
TEL. **03-5793-1727**（受付時間 火〜金：10〜20時／土・日：10〜18時）
ホームページ **http://www.happy-science.jp/**